目次

シリーズ　日本語があぶない
話したい、話せない、「話す」の壁　目次

【得する話し方】

【乱れて候】

【方言再発見】

【コトバの達人】

編集――ゆまに書房編集部
編集協力・コラム執筆――境田稔信 *Sakaida Toshinobu*
妹尾和子 *Senoh Kazuko*
造本・装幀――寺山祐策 *Terayama Yusaku*
大村麻紀子 *Omura Makiko*
カット――中野耀子 *Nakano Akiko*

シリーズ　日本語があぶない

話したい、話せない、「話す」の壁

IT時代のおしゃべり

金田一秀穂

現代のおしゃべりを考えるときに、無視できないのは携帯電話によるおしゃべりだろう。

人類は数十万年の間、直接会って話すということを行ってきた。人と人は声の届くところまでしか離れられなかった。それが唯一のコミュニケーションのやり方だった。文字が発明されて、会わなくてもよくなったが、それは一方通行の伝達であって、相互の同時のやり取りではなかった。手紙ができてからも、自分の言ったことの返事がくるまで、かなり長い間待たなければならなかった。電話によって初めて、人類は会わなくてもおしゃべりできるようになった。これはまだ、百年程度の歴史しかない。つい最近の事柄である。

今、場所を選ぶことがなくなった。人はいつ、どんなところでも、話したい人と話せるようになった。そしてすぐにでも、テレビ電話が普及するにちがいない。いつ、どこにいても、別々の場所にいても、人は会っておしゃべりができるようになる。

このような大きな変化が、人間のおしゃべりの形態を変化させないはずがない。まだ、どういう方向に変化するのかわからないけれど、いくつかの予測は立てられるかもしれない。

ケータイの時間

普通のサラリーマンはこれまで、電話を家か事務所で使っていた。一日のうちのほとんどの時間を家か事務所ですごすのだから、いつでも電話ができた。家から会社までの時間が、電話の空白の時間だっただけで、その時間でさえ、電話をかけることは、公衆電話でできた。結局携帯電話によって、通勤時間にも電話を受けることができるようになった、ということが彼らにとっての変化にすぎない。いつでも仕事を言いつけられるようになっただけで、気の毒といえば気の毒だ。

ケータイの普及は、今まであまり電話を使うことのなかった人々にとっての影響が大きい。電話を受けられない場所で一日の多くの時間をすごしていた人たちが、電話の網に捕らえられた。

また、会社を出て外で遊んでいる時間も、変質した。電話を受けることができなかった時間は、遊びにとって不可欠な、仕事を忘れた自由な時間だったのだが、望むと否とにかかわらず、人は網に捕えられることになった。

この変化を最も強く受けたのが学生たちである。彼らは基本的に家でしか電話が取れなかった。学校ではかけることもできにくかった（かける必要があったとも思えないが）。遊びの時間も多かった。そうした一日が、ケータイによって変化した。

いつでも電話ができるようになって、最初に気づいたことは、待ち合わせの時間がいい加減になったことだ。ケータイがあれば、途中から合流することも簡単にできるようになる。

前は、お互いに家をでる前に約束をして、決まった時間、決まった場所で待ち合わせをしなければいけなかった。待ち合わせの場所に連絡をすることができなかった今までは、遅れることをともかく避けた。

待ち合わせの場所へ行くのに道に迷ったとき、通行人に聞いたものだ。今はケータイで友だちを呼び出し、道順を聞く。

「もしもし」は言わない

ケータイによる電話は、今までの電話の最初の基本的やり取りを変えた。

今までは、

「もしもし、こちら小泉と申します。田中さんのお宅ですか。真紀子さん、お願いできますでしょうか」

「はい、少々お待ちください」

というパターンだった。ケータイは、

「あ、今いい？」

「うん、今どこ？」

だけで始まってしまう。

相手の名前は、話す前にわかっている。相手の場所と都合だけがわからない。最初から、用件を伝えるだけでいい。

相手が出ているのだから、相手がどこにいようと構わないようなものだが、どこにいるのかわからない人と話すのはなんとなく不安になる。ケータイ以前、話すときには、たいてい相手の場所が特定できた。今でもケータ

イに慣れていないので、思わず
「今どこ?」
と聞いてしまう。
相手の場所が分からなくなって、嘘がつきやすくなったという。最近は、わざと違う場所の騒音を入れる機種もあるとか。パチンコ屋にいても、駅のホームからかけているように装うことができるらしい。

大声になるケータイ

ケータイは、病院では使えない。医療機器に影響があるという。バスでも使ってはいけなくて、ペースメーカーに影響があるとバスの中に書かれてある。そうなのかもしれないが、本当のところはよく分かっていないらしい。飛行機の離着陸時にも禁止されている。しかし、ケータイの電波は、使う使わないに関係なく、いつもひっきりなしにそこら中を飛び交っているのではなかろうか。ケータイを使うくらいで本当に壊れてしまうような大切で敏感な機械なら、電波を遮断する箱の中に入れておいてほしいと思う。心配で仕方ない。

ケータイを使わせないのは、実はマナーの問題なのではないかと思う。ケータイで話している人を見ると、なんだか腹が立ってくる人がいるのだ、世の中には。特に、病院やバスの中で何ごとか大声で話されるのは、うるさいのだ。

ケータイはどうして大声になってしまうのだろう。特におじさんはうるさい。なんだか興奮しているかのように、怒鳴っている。彼らにとっては持ち運び自由の公衆電話にすぎないのだ。それで、車内でのケータイは迷惑だということになった。しかし、最近の機械は普通の声で充分に聞こえるのだ。若者たちの電話の声は自然な音量で、あまり気にならない。

若者たちはずっと上手に機械と付き合える。将来に希望が持てる。

ただ、ケータイのせいで、公衆の空間だったところが、個人的空間になったような錯覚を与えているのではないかとも思う。電車の中で、平然と化粧を始めるお嬢さんたちを見ていると、彼女は家にいるときと全く変わらない感覚で車内をすごしているのだろうと思う。

ケータイは必需品

ケータイが変えたのは、おしゃべりのあり方だけではない。ケータイという機械が、生活を変えつつある。以前は家に忘れ物をしても、わざわざ取りに帰るものというのは、お財布ぐらいだった。しかし、今ケータイは必ず引き返してでも持って歩くべきものらしい。食事の時間も、寝るときも、風呂《ふろ》の中でも、すぐそばにあるらしい。ケータイには知り合いの電話番号のほかにも、さまざまな情報が詰まっている。

ケータイには、時計の機能がついている。それで、腕時計を持たなくなった。入学試験会場に時計を持ってきていない学生が増えた。会場に時計があると思っているのかもしれない。ケータイを机上に置くことは禁止されている。それで、時間がわからない、と言う。時間を教えてほしい、と言う受験生もいる。ある教室で調べたら、受験生のうち二十パーセントが、時計を持ってきていなかった。

大学を受験しに来るのに、筆記用具と受験票、それに時計は必須《ひっす》だったはずだ。今日は何をしに会場に来たつもりなのだろう、と、監督係の教師は呆《あき》れてしまうのだ。

メモ帳の代わりに、ケータイを使う学生もいる。卒論の相談に来て、参考文献を指示したら、ケータイに書き込みを始めた。参考文献がどこかに送られてしまいそうで、心配なのだが、時代の変化に追いつきがたいオジサンの嘆きにすぎない。

ケータイは、電卓になり、インターネットにつながり、カメラにもなる。

学生たちを二週間ぐらい海外研修に連れて行くことが多いのだが、海外にも持ってきている。一体何のためなのかわからない。外国ではまだ使えない地域が多い。成田に帰りついた途端、学生たちは渇きをいやすような勢いでケータイをいじり始める。

「よかったね。」

と、少し思う。

ケータイが変えたこと

今の人たちが電車の中や道を歩きながら、ひっきりなしにケータイを使っているのを見ていると、彼らは誰かと繋がっていたいという感覚が恐ろしく強いのだろうなあ、と思う。一人でいることが、恥ずかしいこと、変なこと、悪いことのように思っているのではないか。強迫観念のように、友だちと繋がっていることを大事にする。友情の時代なのかなと思う。

他人と違うということを恐れる。皆と同じでありたい。しかし、皆と同じになることはできない。せめて、繋がっていたい。納豆の豆粒のように見えるときがある。

まとわりつかれて嫌だ、というようなことを感じたら、友だち失格なのだろう。

電話が家や会社ではなく、個人に所属しているので、呼び出しをしてもらう必要がない。電話の呼び出しがなくなって、家族についての知識がひとつなくなった。

子どもの友だちの名前が全くわからない。電話が家にひとつだった時代には、なんとなくお互いの知り合いの名前を知っていた。誰が今どういう状況なのか、なんとなく分かる手掛かりがあった。今は、わざわざ聞かなくては分からない。家族の紐帯《ちゅうたい》が弱くなった。

ケータイによって、いつでも誰かに呼び出されてしまう。友だちとは繋がっていても、家族からは自由になった。それがいいことかどうかはわからない。そのような時代にわれわれは生きているということなのだ。

メールの気持ち

しかしそのうちに、メールのほうが主力になった。安いということもあるのだろうけれど、それだけではない。音声言語を使わなくていいから、というのが私の推測である。

他人に迷惑をかけるからケータイ電話をかけないのではない。話すのが嫌いなのだ。ケータイメールによって、他人に知られないでひっそりと繋がることができるようになった。

ウォークマンの発明によって、群衆のジャングルの中を自分ひとりで閉じこもる方法が見つかった。ケータイメールによって、閉じこもりながらも知り合いと繋がる手段を得た。

会っていながらケータイメールのやり取りをするというのを見たことがある。女子高校生三人連れで、ドーナツ屋に入ってきたかと思うと、三人がやおらケータイを取り出し、思い思いにメールを打ち出した。最初は三人がそれぞれ別のところに送っているのだろうと思ったのだが、見ていると、そのうちのふたりは、お互いにメールを送りっこしているということがわかってきた。一緒にいる友だちに聞かれたら都合の悪いことでも話しているのかと思うと、そうでもないらしい。残りのひとりは、あとのふたりがやり取りしているのを知っているようだし、気にしている様子もない。見せ合ったりもしている。しゃべるのが「カッタルイ」のかもしれない。

昔は筆談をしたものだ。メールは遠くの人とも繋がることができる。筆談とちがって、ケータイメールは消去されていく。跡に残らないところもいいのかもしれない。しかも瞬時に伝わる。

チャットの向こうの未来

チャットというのがあって、インターネット上で、顔を知ることもなく、お互いにメールを公開して、文字を使っておしゃべりをしていく。誰かが答え、誰かがつけ加える。同時に十人ぐらいが参加しているのだろうか。ある呼びかけに対して、それに文字で答えるため、反応がどうしても遅くなる。それを待ちきれなくて、ほかの人が割り込む。割り込みと同時に、ほかの人もちがう話題で割り込む。話題が三つくらいになって、それぞれの話題がねじれながら進んでいく。そのうち、また話題がひとつになり、また分かれる。早い人たちのチャットを見ていると、まるで、渓谷の急流を眺めているかのようで、そのスピード感、めまぐるしい変化、流れの凄《すさ》まじさに、目まいがしてくる。音はないのだが、何だか騒々しい。

これからのコミュニケーションがどうなっていくのか。どう変わっていくのか。チャットを見ていると、少しわかるような気がしてくる。

なるべく早く反応したいために、短くなり、内容が空疎になる。うけ狙いに走る。顔文字を使いたいのであらかじめ用意しておかなくてはならず、それが定型化して、同じパターンのことばが多くなる。時間をかけてゆっくりと議論すべき大切な事柄が、茶化しの対象にしかならなくなる。極端な意見は、わかりやすいというそれだけの理由で、説得力を持ちやすい。初めはうそだとみんなが知っていたことが、面白いから本当だと思うことにしようということになり、そのうち本気で信じるものが出てくる。最初に言い出した人は、あわてて打ち消そうとするのだが、もう急流の中の木っ端にすぎなくて無視される。とてつもない言論の自由が、強い統制力を持ったことばに喜んで従い始め、小さな声が大きな声につぶされていく。まるで、ナチスが発生した原因を分析する社会心理学のシミュレーションのような状況が、毎日パソコンの向こう側で観察できる。

声は、アイデンティティを示さざるをえない。声によるおしゃべりは、誰の発言であるかがわかってしまう。少なくとも性別はわかりやすい。世代も明らかである。誰が言ったかわかるので、責任の所在が明確であり、言ったことに対して常に根拠を用意しなくてはならない。コンピュータ上の字体は、すべて活字体であって、筆跡の個性も消し去る。チャットの完全な匿名性は、そうした面倒くささを消去した状態にしてくれる。恐ろしい。

そうではないチャットもある。参加者限定のものは、お互いに相手を知っていて、それこそマッタリと、静かに会話が進んでいく。ただ、ハンドルネームという、ペンネームのようなものを名乗り合うので、それが誰なのか、相手が誰かを特定するための会話がしばらく続く。わからせまいとする人と、当てようとする人。面倒くさくなって、最後にはたいてい本人が自白するのだが、なかには他人の名前を騙《かた》るものがいて、後でさんざんとっちめられる。

相手のわかっているチャットでも、一分以上の時間が空くのは耐えられないらしい。会っていれば、お互いの表情がわかり、相槌《あいづち》もあるので、会話が切れていないことがわかっているのだが、見えないことで、会話が続いていることの保証が欲しくなるものらしい。

チャットは、まだ、会って話すことの代用にすぎない。相手の身体がないものとは、本当の会話ができない。会って話していれば、相手の姿はもちろん、匂いや体温を何となく感じ取れる。バーチャルな体験がどこまでそれに迫れるのか、あるいはチャットが今までに誰も体験したことのない全く別な「おしゃべり」の形になっていくのか、まだよくわからない。

「大」の付く言葉

次の言葉を普段どう言っているだろうか。

大地震（だいじしん／おおじしん）
大時代（だいじだい／おおじだい）
大舞台（だいぶたい／おおぶたい）

この三つは「おお」が本来の言い方であるが、現在では「だい」と言っている人のほうが多い傾向にあるようだ。NHKでも「おお」というのが原則だったのに、最近になって一部で「だい」を認めるようになった。「○オーブタイ　×ダイブタイ（古典芸能の場合）／①オーブタイ　②ダイブタイ（活躍の場）」（『NHKことばのハンドブック』第2版、二〇〇五年）

漢語に付くときは「だい」、和語に付くときは「おお」というのが原則だけれども、地震・時代・舞台などのように古くからある漢語の場合は和語と同様に「おお」と言われてきた。ほかにも、大一番・大火事・大喧嘩・大御所・大所帯・大掃除・大騒動・大道具・大入道・大番頭などがある。

では、「大人数」はどっちなのか。これも本来は「おお」であり、反対語の「小人数」は「こ」だ。「しょうにんずう」と言えば「少人数」であって、反対語は「多（た）人数」となる。ちなみに対義語は、大勢・小勢、多勢・無勢もある。

じつは、「だいじしん」の言い方は室町時代からあって、載せている国語辞典がある。それ以外でも「おお」と言っている漢語を「だい」で引ける辞典がやがて出現するかもしれない。（境）

いまどきの女子大生の言葉づかい

小林千草

下流の現代語はことばの〝現場〟

平成十三年六月十二日、文化庁は、平成十二年度「国語に関する世論調査」の結果を発表した。全国の十六歳以上の男女三〇〇〇人を調査対象にし、調査時期は、平成十三年一月十日〜二十八日。調査方法は、個別面接調査で、有効回収数は二一九二人、回収率は七三・一パーセントであった。

現在、この「世論調査」報告書は財務省印刷局から刊行されているが、朝日新聞、産経新聞、読売新聞、毎日新聞などは、文化庁の発表翌日（六月十三日）の朝刊で、大なり小なりこの「世論調査」についての記事をのせた。

日本語の歴史を、室町時代をキーステーション（中心地点）にして上《のぼ》り下《くだ》りしている私にとって、下流の現代語は、ことばの〝現場〟として看過《かんか》できないポイント（地点）となっている。澱《よど》みや渦《うず》をのぞいていると、平安末期の院政期から鎌倉初期、あるいは室町末期から江戸初期に生じた日本語の大変化と似通った様相や原因を見つけることができる。そうなると、「現代の若者のことばは……」などと目くじらを立てる気はさらさら起こらない。やはりそうなのかと、ことば本来のもつ流れ（傾向性）や生命力・躍動感に惹《ひ》きつけられ、どうせなら生《いき》のいい若者である学生たちと、その状況を見きわめ、日本語の将来をじっくりと語りたくなってくる。

小著『ことばの歴史学——源氏物語から現代若者ことばまで』（丸善ライブラリー）では、そのような試みのうち、「女の子」「なにげに」「さくっと」「とりあえず」「〜状態」「〜系」を扱った。本稿では、「世論調査」項目のうち、「使用世代に偏《かたよ》りのある言い方」について、私の日ごろ接する女子短大生にアンケートをとり、内省（自らの体験をふりかえり、友人や家族などの状況もじっくり観察・分析したうえで結論を導く）をコメントしてもらったものを基礎資料に、話をすすめたい。

アンケートの実施年月日は、一度目が六月十三日（「日本語学概説」という講義科目。当日の参加学生は六八人）、二度目が六月十四日（「言語生活史」という講義科目。当日の参加学生は三七人）で、以下の言及は、両者を合わせた一〇五人の集計結果で行う。また短大生の年齢は、十八歳と十九歳で、十八歳優勢のかたちで混在する。

四月より、ことばに関する内省のトレーニングを行っているので、アンケートの余白につけ足されたコメントには、文化庁の面接調査よりも、個々人の言語事情がより鮮明に反映されているものと思う。したがって本稿でもデータとして、積極的に活用したい。引用にあたっては、大多数を占める横書きを縦書きにしたほかは調査での本人の表記を尊重し、プライバシー保護のため氏名はイニシャル表記とした。（別人でイニシャルが同一になるケースも生じている）

授業中の一回かぎりの書きつけであるので、誤字・ひらがな表記が多いなど文章としては未定稿の感が強いが、素直に反応した生《なま》の結果として受けとっていただきたい。私は、四月より回を重ねるごとに彼女たちが心を開いて〝わが存分〟を書きつけてくれたことを嬉《うれ》しく思い、大いに評価している。日本語学という学問を知るために私の授業をとったというよりも、自分の日本語に自信がないので、この授業で少しでも美しい日本語を話せる人になりたいと集《つど》った若者たちなのである。現在の自分を知ること、これが、未来の日本語を考える第一歩と私は考えている。

使用世代に偏りのある言い方「じゃん」

「世論調査」は、日常生活のなかのことばの実情を把握する項目として、「やる」と「あげる」、「ら抜き言葉」、「意味が変化して伝わることわざ」などとともに、「使用世代に偏りのある言い方」をとりあげている。

「使用世代に偏りのある言い方」の具体例は、**［グラフⅠ］**の①～⑧にあたる。

①～⑧についての、短大生の調査結果を示した**［グラフⅠ］**をもとに、「世論調査」との違いの大きい①②⑤に的をしぼり、その原因や背景について述べていきたい。

まず、「それ、いいじゃん！」について。

「世論調査」では二一九二人のうち二九・九パーセントが「それ、いいじゃん」と言うことがあると回答している。しかし、十八～十九歳は七九・六パーセント、二十～二十九歳は五七・八パーセント、三十～三十九歳は五二パーセント、四十～四十九歳は三三・九パーセント、五十～五十九歳は一九・七パーセント、六十歳以上は五・五パーセントというように、世代によって使用者の割合が大きく変化している。いわゆる〝若者ことば〟の様相を呈《てい》しているのであるが、**［グラフⅠ］**から読みとれるように、短大生の使用の割合（「ＹＥＳ」と答えた者）は九二・四パーセントである。「世論調査」の同世代の七九・六パーセントよりもさらにポイントが高くなっている。

これは、アンケートに答えてくれた短大生の多くが首都圏に住み、「じゃん」ことばの発生地の一つとみなされている横浜出身の学生も含まれていることを考慮する必要があろう。関西・四国・九州、あるいは北陸・東北地方などにおける不使用の割合が、全国調査の場合のように〝目減り〟としてかかわってこないからである。（以下、学生のコメントを引用すると――）

〈友達が、ちょっとした新しい小物や服を身につけていた時などに、普段の会話で使ったりします〉（Ｋ・Ｍ）

〈「それいいじゃん」は友達と買い物に行った時などによ

[グラフⅠ]短大生への質問:日常会話で使ったことがありますか?

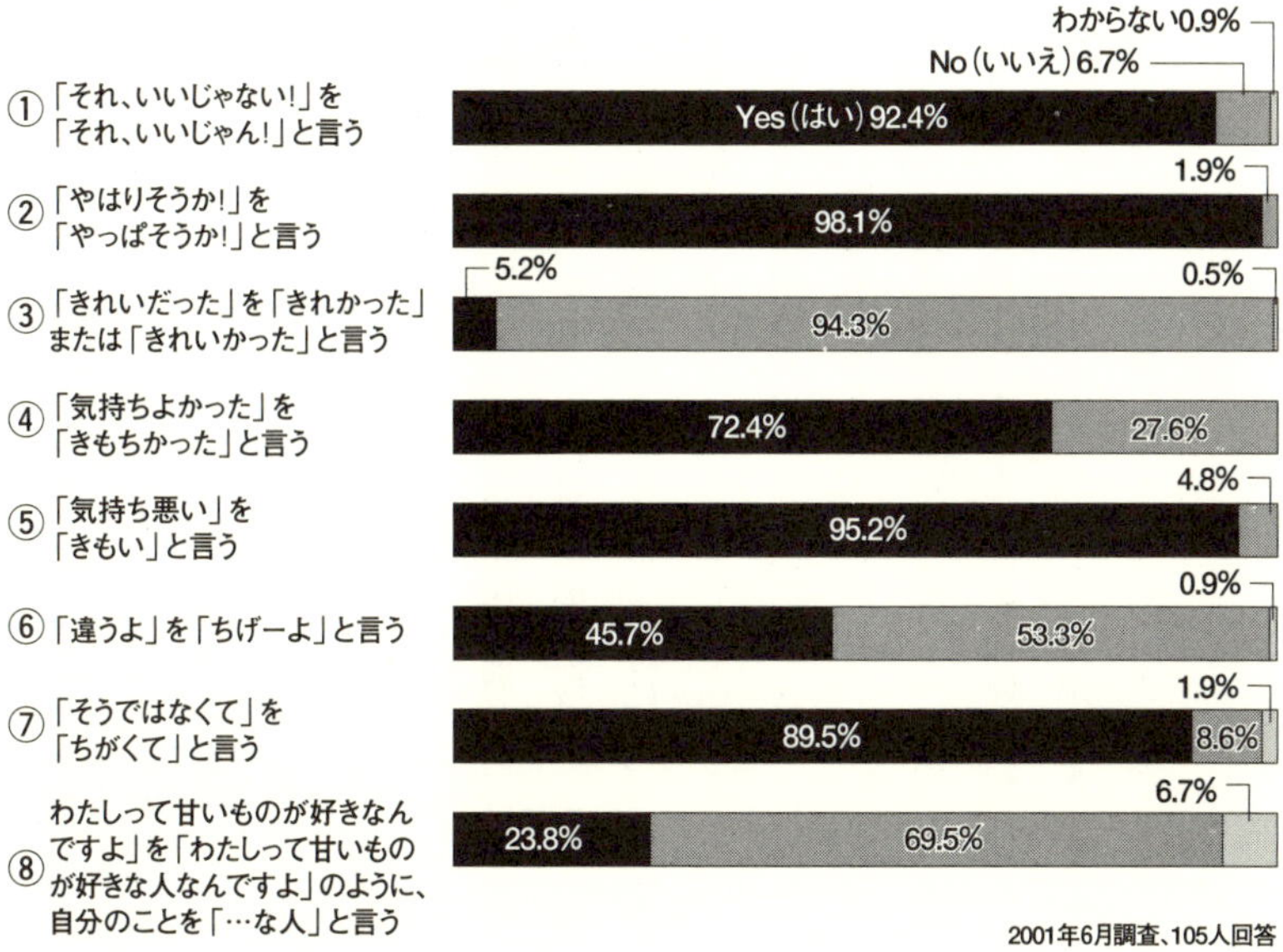

2001年6月調査、105人回答

く使います〉(K・T)

これらは、くしくも女の子同士のエールの交換、あいさつとしてのほめことば的性格を伝えている。だからこそ、ある学生は、

〈「いいじゃん」という言葉は、あまり心がこもっていない感じがします〉(Y・A)

と分析している。若者ことばに影響力の強いマスコミとのかかわりでは、

〈SMAPの中居くんは地元が藤沢なので、この言葉をよくテレビでも使っています〉(I・Y)

という報告があった。なかには、

〈「それいいじゃん」とはあまり使いませんが、「別にいいじゃん!!」みたいに、口ごたえする時のほうがよく使います。たとえば、親に「そんなヒールの高いサンダルはいたら危ない」と注意された時に、「別にいいじゃん、みんなはいてるし」のようによく使います〉(M・M)

のように、素直でリアルなコメントもある。

「~じゃないか」を切り詰めて「~じゃん」と変化させたこのことば、たしかに「ん」で終わりとなる尻《しり》とりゲームのように、後続の語（会話）をスパッと断《た》つ勢いがある。口ごたえや反発する際に効果を発揮するわけである。成長の一過程としての〝反抗期〟にあたる中学から高校、そして大学生にとっては、武器ともなる表現である。

〈大阪に住んでいた時は「それええなぁ」という風に使っていたが、東京に来て「～じゃん」と使うようになった〉（U・T）

という報告は、「～じゃん」の全国制覇《せいは》へ向けての未来を予測させる。しかし、〈私は横浜の人間で〉――と書き出したI・Jが、〈友達にメールを送る時には、「～じゃん」と付け無い事にも気が付いた〉と記しているように、「それいいね」より字数の多い「それいいじゃん」は、メールの文章では苦戦しそうである。「いいじゃん」にあたる〝顔文字(^^)〟を送るほうが効率がいいに決まっている。また、目上の人のまじるアルバイト先や就職の面接において、「～じゃん」を使えないことも学生たちは認識している。あくまで、リラックスした話しことばでの〝よく使うことば〟なのである。

「やはり」ではなく「やっぱ」

短大生における「やっぱそうか」の使用者の割合は九八・一パーセント。調査八項目中、最高値である。「世論調査」においては、二一九二人に関しては三四・〇パーセント、十八～十九歳に関しては九一・四パーセントという使用割合であり、調査八項目中、もっとも若者に使われている語形となっている。

数人の学生が、〝やっぱそうか〟と言うよりも、〝やっぱそっか〟と言うほうが多いと指摘していたが、私の観察においても同様である。「やはり」を強めて促音便化《そくおんびん》した勢いは、下の「そうか」にも及ぶ可能性が高いからである。

〈就職の面接で「やっぱ……だと思うので」と言ってしまった。「やはり」と言い直すことができず、くやしかった。日頃から使うべきではない〉（K・T）

二年生で就職活動をしている学生のコメントは傾聴に値《あたい》する。「～いいじゃん」が決して就職の面接では出ないのに対して、副詞「やはり」「やっぱり」から変化した「やっぱ」は無防備に出てしまうのである。四月の最初の授業で書いてもらう自己紹介文にも、「やっぱ」は時々見うけられる。あらたまった会話では「やはり」を用いる私たちにあって、「やは」と略すことはありえない。ところが、あらたまった場（レポートなどの文章語でも同様）でも「やっぱり」を使う若者世代にあって、急いだり勢いをつけたりすると、つい「やっぱ」が出てしまうのである。

「～じゃん」が、首都圏の若者や首都圏出身のタレントによって全国に広まっているのに対して、「やっぱ」は、国民的現象として浸透しつつある。「もちろん」という副詞を略して「もち」という語を使ったことのある世代（私もその一人）にとって、若者の「やっぱ」は非難できない。それは、ことばの自然の流れだからである。

ただし、「もち」がさらに「も」あるいは「ち」にならず、「もちろん」に回帰《かいき》したように（あるいは、文章語としては、ずっと「もちろん」であったように）、たとえ将来的に「やぱ」という語形が流行したところで、「やぱ」そのものではことばの生命は維持できない。

「やっぱ」の勢いを弱める対策としては、私たち先輩世代が、日常会話においても、「やっぱり」よりも「やはり」を使っていくことであろう。

短大生の九五パーセントが使う「きもい」

「きもい」を使うと答えた短大生の割合は九五・二パーセントで、「やっぱそうか」に次ぎ、「それ、いいじゃん！」を二・八ポイント上回っている。わずかな数値の上昇であるが、じつは今回の調査結果中、もっとも興味深い現象が指摘できる部分でもある。

「世論調査」を世代別に見ると、六十歳以上一・二パーセント、五十～五十九歳一・八パーセント、四十～四十九歳四・二パーセント、三十～三十九歳八・二パーセント、二十～二十九歳三〇・一パーセント、十八～十九歳七二パーセントという具合に、年齢が若くなるほど使用割合が高くなる。そして短大生の九五・二パーセントは、さらに割合が高くなっている。

しかも、現在、密度の濃い使い方がなされていると思われるのは次のコメントからも見てとれる。

〈3つYESだったけど一番使ってるのは「きもい」かもしれない。昨日も大量のカラスを見て、「きもーい」って言った気がする〉（O・J）

〈「きもい」は本当によく使います。例えば、この間の友人との会話……(私)「今日さー、隣に座ってたキモいオヤジがすごいちかよってきて、超視《ママ》近距離で顔をずーっと見てくんの！　そいで、胸のとこにひじ当てようとしてきてさー。もうすっごいキモくて、朝からすごい最悪だったよー」。(友)「えーっそんな人いんの!?　超キモーい」など〉（S・T）

〈〃キモイ〃というのは、私達の中で一種の流行語になってしまっている。じっさいは〃キモイ〃とは思っていなくても、うけねらいみたいな感じで使ってしまっています〉（S・A）

〈①〜⑧で一番速くYESに丸をつけたのが「きもい」だった。これは友達との会話の中でツッコム時にも使う時もよくある〉（Z・T）

〈口ぐせとしては「キモイ」が異常に口からでてしまいます。特に理由はありませんが…気をつけたいです〉（M・A）

K・Aは、家で妹と話している際、「〜ってきもいよねー」と言ったら、同居の祖母から「きもいって何？」と驚いて訊《き》かれた体験を記している。

〈あまりの驚きようだったので、今度は妹と私が驚いてしまった。2人にとっては、ここ数年間、きもいを使い続けていたので、驚かれたことに異和《（ママ）》感を覚えた〉

と言うのである。

十八歳のK・Aが「ここ数年間」というのだから、中学・高校時代をも含んでいるということだろう。K・Hも、

〈キモイという言葉は、私が中学生の時流行していました〉

と記す。

O・Sは、

〈「きもい」という言葉は、高校3年生の時に、はやっていたというか、よく私も使ってたし、周りの子も使ってました。キライな人を「きもい」って言ったり、まずいものを「きもい！」って言ったり……。何でもかんでも「きもい!!」って言葉を使ってた気がします〉

と、当時をふりかえる。「キライな人」を「きもい!!」

と言うことに対して、〈これはかなりイヤがらせっぽいんですが〉と注を添えているのも周到《しゅうとう》な内省であり、その当時の〝わが言語生活〟に対する悔恨《かいこん》の思いが感じられる。「きもい」が、電車の中のへんなオジサンに対して使われるなら、それは女子学生がお互いに発する内輪《うちわ》の危険信号として許容《きょよう》されるが、感情的に嫌いな人に対して使われたものは、たしかに「いやがらせ」であり「いじめ」である。このような「きもい」のもつ危《あや》うい一面を指摘し、〈人を傷つけることばだから私は使いたくない〉と記した学生も一人ならずいた。

「きもい」の対象になった場合の心の痛みを、ほとんどの学生は知っているとみたい。しかし、仲間との同調として、あるいは、うけねらいとして、彼女たちは使いつづけているのである。「〜状態」や「〜系」と同じノリがここに認められる。

さて、一人の学生は、〈外来語みたいなイメージがあって、使いやすいです〉と書いていた。このようなうけとり方が若者の側にある限り、「きもい」はおとろえないであろう。

また、妹からのメールに、〈前にチカンにあったおじさんが近くに居るからきもい！　要注意だ〉と打たれていたことを報告した学生がいるが、「きもちわるい」と六字打つより、「きもい」の三字は効率がよい。「きもい」のメール語としての存在が、逆に口語における使用を安定づけているのである。

ことばは略すほど、乱暴で下品に聞こえることを知りつつ、メールで打つときの効率には負けてしまうのだろうか。母親や父親に注意されても、仲間うちでついつい使ってしまっているのが現状らしい。

欧米語に比べて形容詞語彙《ごい》が少ないとされる日本語にあって、「きもい」は「気持ち悪い」感情を表出する形容詞として、品詞の枠《わく》内にすべりこもうとしている。連用形「きもくて」、終止形や連体形「きもい」は、すでにできあがっている。ただし、他者のようすだけしか形容できないかぎり、それは差別の形容詞となりかねない。わが気分のすぐれないことを「きもい」と表現できるようになるかどうかに、「きもい」の本当の勝負がかかっていると言ってもよい。しばらくようすを見ることにしよう。

習うより慣れよ

鷹西美佳

「人前で上手にしゃべりたい！」誰だってそう思う。私もアナウンサーであればこそ、その思いは強い。

身近な例では、結婚式のスピーチ。「アナウンサーは話し上手だと思われているに違いない」というプレッシャーで食事中も落ち着かず、話し終えても「上手《うま》く出来た！」と思ったことは、ほとんどない。後悔と自己嫌悪の連続だ。

前もって依頼されるならまだしも、当日に受付で頼まれる場合もある。そんな時、「どうして皆、人前で話すことをこうも簡単に考えているのだろう？」と思う。大体、「簡潔で分かりやすく、その場の雰囲気に合ったスピーチ」という〈芸〉は、一朝一夕《いっちょういっせき》に出来るものではない。

振り返ってみると、子どもの頃から人前で話す訓練は全《まった》くといっていいほど行われていない気がする。ひょっとしたら、一度もスピーチをしたことがないという人も多いのではないだろうか？　これでは、その難《むずか》しさに気づくはずもない。

そもそも日本の国語教育は「読み・書き」中心で、話し言葉はどちらかというと疎《おろそ》かにされてきた。そのため、「話すより文章を書く方が数段難しい」と、皆思い込んでいる。実はこの二つ、表裏一体のはずなのに両立している人のほうが珍《めずら》しいのだ。

私自身の経験では、いくら自分の頭で文章を考え整理して書いても、そのコメントをいざ声に出してみると、呼吸と合わない場合が圧倒的に多い。たとえ自分の文章リズムであっても呼吸とは全く別物だということに改めて驚く。書き言葉としゃべり言葉の違いに気づくのはこんな時……だからこそ、スピーチ用に書いた原稿は必ず声に出してみることが大切だ。

さて、いざ話し始めても、普段から一人で話すことに慣れていない人は、相槌《あいづち》がないと何となく不安になり、呼吸も浅く早口となる。そして、いつのまにか顎《あご》が上がって声も甲高《かんだか》くなる。そればかりか、余計なことを口走ったり、時には脱線して収拾がつかなくなり、周囲がただ固唾《かたず》を飲んで見守るしかないということも……。

逆のケースはもっと厄介《やっかい》だ。妙に自信にあふれた話し手だけがご満悦で、会場内がすっかりシラケきっていることに全く気づかない。こんな光景もよく見かけるが、これらは総《すべ》て経験不足からくる失敗に過ぎない。私達アナウンサーでもあがることはよくあるが、そんな時は「顎を引け、大きく深呼吸して周《まわ》りを見渡せ」と教えられてきた。つまり、いくつかの経験や日々の仕事が訓練になっている点だけが違う。何より、「習うより慣れよ」である。

テレビは極端に限られた時間内に話をまとめなければならないため、コメントは出来る限り短くして、結論を急ぐ。特にスポーツ中継ではモタモタしゃべっているとあっという間に置いていかれる。ある男性アナは、高校サッカー中継で監督のプロフィールを悠長に紹介しているうちに絶好の得点チャンスとなり、「この監督は教え子にカレーライスを作りながら……あ〜っ！　シュート!!」と、訳《わけ》がわからない実況をしてしまった。これは話す内容にこだわりすぎて、状況の変化に対応出来ない典型的な例だ。そうかといって、早口であれば良いというものでもない。

以前、ニュースを読む速さは一分間に二百四十字くらいだったが、最近は三百字くらいになった。加えて、日常生活のペースが速まっていることや、「早口で淀《よど》みなく話すと何となく賢そうに見える」という演出（?）もあり、ますますスピードアップ……しかし、これでは少し耳の遠いお年寄りがついていけるはずがない。

実はアナウンサーにとって、浅い呼吸で早くしゃべることはそれほど難しくはない。むしろ、深い呼吸でゆっくりの方が苦労する。というのも、呼吸が深くないと途中で息が切れてしまうからだ。

ところが、この呼吸が大問題！　最近、精神的なストレスが原因とみられる呼吸困難で声が出せなくなった後輩の相談にのった。日常会話では何ともないのに、いざカメラの前に立つと過緊張で息が吸えず、しゃべることが出来なくなるのだ。人前で話すことがこれほどまでに体に負担をかけてしまうとは……私自身も驚いた。

私たちの仕事は楽器の演奏にも通じるものがあるようだ。国際的な指揮者である小澤征爾《おざわせいじ》さんの言葉を借りるならば、「書かれた楽譜（文章）を自分の頭で理解し、音（声）に出してお客に聞いてもらう役割であることを自覚し、自分の音楽（言葉）について、自信と責任を持つことが一番大切」……カッコの中は私の解釈だが、まさしく同じではないだろうか？

ソルトレーク五輪の記者会見で、上手に物が言えない日本人選手を見て危機感を抱いた字幕翻訳家の戸田奈津子さんが、文部科学省の懇談会で、「英語を学ぶより、まず日本語力を磨《みが》くべきだ」と強調されたそうだ。そのためには、幼い頃から本をよく読むことも勿論《もちろん》重要だが、それ以上に「言葉を筋立てて話す」訓練が必要なのではないかと私は思う。例えば、小学校の低学年から日記代わりに教室で短いスピーチをさせる。そうすれば、たとえ子どもであっても話のテーマ（話題）を探さねばならないので、日常生活でも様々な意識が変わってくるに違いない。

絵文字を用いた携帯メールを黙々と打つ若者を見ていると、日本語の力はこれからますます衰えるばかりではないかという気がする。自分の考えや思いをどう具体的に表現して相手に伝えるか……言葉を声に変えることはその人の背景や人格がにじみ出る行為だ。それを疎かにしていると、いつか音声による自己表現を忘れてしまうのではないかとさえ思える。

しかし、心ある人はすでにその危機感を持っているせいだろうか？　書店には日本語に関する本が山積みで、いくつかはベストセラーになっている。これは大変喜ばしいことだが、この流れを一過性のものとせず、一人一人が自分達の言葉を振り返り、日本語の持つ〈力〉や〈響きの美しさ〉を再発見する機会になれば……と私は思っている。

乱麻2006

いったい、こんなことばで話していてよいものか。どうしようもない言葉遣いだ。恥を知れ。自分も含む。

「おいおい」「えっとですね」「もしも〜し?」「はい?」:英語に直すと Excuse me だろうか。笑いながらの突っ込み。「失礼ながら、それは言いすぎではありませんか」「そこまで言うかね」「まいったなあ」のかわりに使う。かわいく言えば「やだあ……ばか」、きつく言えば「バカ言ってんじゃないわよ」。

「どうもです」:使わないようにはしている。だいたい、何が「どうも」なんだか分からない。「ご無沙汰しています」「お世話になっています」「ありがとう」だ。出社から退社まで、これひとつで済まされたら堪らない。

「ですよね」「だよね」:「隣に塀が出来たそうな」「だよね」。「寒いね。朝、雪が降ってたよ」「だよね」。「おい、この書類書き直せよ」「ですよね」。返答することにまで省エネしてどうする。あなたの考えは自分だけのオリジナルなことばで話してほしい。会話がそんなに面倒なら、相づち打つなよ。

「言えてる」:「最近、敬語がなってないよなあ」「言えてますね」。前項と同様、なに様ですか、おまえ様は。「仰せの通りです」とまで言わなくても「そうですね」「まったくです」ということばがある。「言い得て妙ですね」の省略形じゃあないよね、まさかね。

「マジ?」:「今日さあ、ひまなんだよねえ」「マジ?」。マジもマジ、大真面目です、わたしは。他人のことばに無意味なダメ押ししないでもらえないかな。ちっとも話が進んでいかないよ。

「ある、ある、ある!」「ない、ない、ない!」:ひとつでいい。安心しろ、ちゃんと聞いてるから。きみのことばは伝わっている。と同時にきみの返事ばかり聞いている閑もないんだ現代社会は。日常会話でそこまで興奮されても困惑します。

(妹)

座談会…………

おしゃべり革命を起こそう

阿川佐和子・御厨貴・糸井重里

その相槌は、逆効果!?

御厨　僕が十年来経験を重ねてみてわかったのは、聞く時には「自然体」が一番いいということです。こっちが「聞くぞ」と意気込んでると、向こうも何となく「答えないぞ!」みたいに構えますから。

阿川　力を抜く?

御厨　最初から自分は何でも知ってるという姿勢で臨むのではなく、知らない、よくわからない、だから聞きたいというスタンスですね。

阿川　ニコニコなさる?

御厨　いえいえ、それはあまりやると向こうが嫌がるからしない。現場に行って、先に来ちゃったから、部屋でボケッと座っているような感じです。

糸井　あっ、その「ボケッと座ってる」という言い方、すでに好感もっちゃうな。

阿川　以前、城山三郎さんにインタビューした時、城山さん、まさに先に座ってボケッとしていらしたの。「申し訳ございません。お待たせして」と言うと、「いやいや、前の仕事が早く終わってね」とニコニコ。その後ですよ、聞き手なのに、私が2時間しゃべりまくってしまったのは。最初のたたずまいから始まって、何聞いても、「おたくは？」なんて具合だから、「聞いてください！」とばかりに私がガーッとしゃべる。終始、「どうして？」「それから？」「いいねぇ、おかしいねぇ」くらいしかおっしゃらないんだけど、これこそが究極の聞き上手だと思いました。

糸井　「ボケッと座っている」ことの中には、多くのことが入っているんですね。

阿川　つまり、「あなたを受け入れるよ」という態勢ですよね。

御厨　自然体という表現でいいのか、あまり「図らなく」なってから、僕は前ほど疲れなくなりました。

阿川　自然体も大事だけど相槌も大事じゃないですか。知り合いの男性編集者は、「あー、そうスかぁ」というのが癖らしくて、「ごめん。原稿が遅れそう」と言うと、「あー、そうスかぁ」。申し訳ないから「この間、ケガしちゃって」と説明しても、「あー、そうスかぁ」。「でも、この前の原稿はけっこう評判がよくて」「あー、そうスかぁ」……何だか寂しくなってきちゃって、「それは癖？」と私が聞いたら、「何がですか？」と言うんで、「『あー、そうスかぁ』っていつも言うじゃない」「あー、そうスかぁ」と答えるの（笑）。逆に相槌のうまい人は、相手を話しやすくさせますね。

御厨　相槌でも、「なるほどね」というのは賛否両論あります。相手が精いっぱい話している時に「なるほど」と相槌が入ると、「あ、そうですか。じゃあ次は？」と急かされているような気になる。非常に苦労した話をしている相手に、「なるほど」と簡単に言ってしまうと、「おまえにわかんねえだろうが」と思われたりね。

糸井　「な〜る〜ほど〜」もあるけど。

阿川　そうそう、言い方も大きい。それにしても日本人は相槌が好きですね。アメリカ人は相手が全部しゃべり終わるまで、「僕は聞いているよ」という顔はしてても、いちいち「イエス」「アハーン」「ＯＫ」とはあんまり言わないでしょ。

糸井　えっ、アメリカ人は相槌いらないの？

阿川　全部終わって、「次は僕の番」になってしゃべり始める。

御厨　日本人の場合、相槌を打ってもらえなかったら、「俺の話は、これで大丈夫なのか」と心配になるんですよ。

糸井　うんうん。でもそれ、相槌じゃなくても、話をしながら手を握っていれば大丈夫かも。要するに、人は「大丈夫なんだよ」という体感がほしいんだと思う。体に触れるのは、相手を受け入れるサインでしょ。そこで手を握ることで、話し手に安心を与える。

阿川　自分がしゃべる側に立った時、「この人は誠意をもって、本当に私の話を面白がって聞いてくれる人なのか」というのは、ちょっとしゃべればわかりますね。自分に対して、愛情をもってくれていることを感じるというか。

御厨　その思いやりにも通じますが、僕が話を聞く時に、絶対にやらないようにしていることが一つあります。それは相手の話をまとめないこと。相手は一所懸命にしゃべろうとしているけど、言いたい内容にふさわしい言葉がなかなか出てこなくて、あでもないこうでもないと話が行きつ戻りつしている。それを、利口な人はまとめようとするんですね。「要するに、あなたの言いたいことはこれでしょう」と。

糸井　ヤですねえ。

御厨　これをやられると、話し手はがっかりする。「まあ、君がそう言ってるんだから、そうだろ」と納得のいかないまま、話を終わらせることもある。とにかく僕は、相手が言い終わるまでずーっと聞くようにしています。

糸井　相手のペースに自分を委ねる――それができれば、誰でもが聞き上手になれると僕も思いますね。

阿川　私の基本は、できる限りその人に関心を示して、「聞きたい」という誠意を尽くすこと。それから、話してくださったことが面白ければ、自分が次に何を質問しようかと考えるより先に、まず「面白い！」と反応する。

糸井　阿川さん、その手でゲストに、もっともっと面白いことをしゃべらせてるでしょ。阿川さんの対談を読んでいて、「このゲスト、こんなに面白いはずないのに」と思うこと、ありますよぉ。

阿川　私だけでなく、スタッフの中に笑い上手がいるんです。昔、ジャンボ尾崎さんのご自宅にうかがった時、「今日は何の話すりゃあいいんだよ」とムッツリおっしゃって、こちらはゴルフもよく知らないのですごく怖かったけど、一言一言にみんなでゲッラゲラ笑ったんですよ。そうするとやっぱり嬉しいものらしく、「そんなに面白いか、俺の話？」って、だんだん表情もやわらかくなってらした。もちろん、本当に面白かったんですが。

糸井　御厨さんと阿川さんとでは、面談の心得は少し違いますね。自然体ということでは共通していても、御厨さんの場合、相手が話す内容がその人以上になっても困るから、1年を通じて平熱のその人の姿が出るようにする。それに対して阿川さんの対談は、その日だけ高熱状態になっていい。

阿川　集中2時間高熱状態です。（笑）

ギブ&テイクの心で

糸井　聞き手としての話をうかがってきましたが、しゃべり手としてのお二人はいかがですか。

御厨　聞き手の時はあまりしゃべらないよ

うにしているでしょう。そのかわり、終わってから……。

阿川　フフフ、爆発しますか。

御厨　研究室に戻って、1時間くらいワーッとしゃべりまくります。「彼はあそこでこう言ったけども、絶対違う。言わなかったけど、こうだ」とかね。研究室の若い助手とか大学院生とか、聞いてくれる人間がいるから助かってます。

糸井　それ！　聞きたがっている人がいる幸せを、僕らはかみしめなきゃいけません。ホームレスを長くやってるとしゃべるのを忘れて、自動的に無口になるそうですよ。で、「俺はしばらくしゃべってなかった」って気づくらしい。それを何かで読んだ時、涙が出そうになった。

阿川　えー、糸井さんが。

糸井　うん、なんか共感しちゃったんですよ、妙に。

阿川　訪問販売の男に大金をだまし取られたおばあちゃんが、犯人に恨みはないかと聞かれて、「だって、こんなに親身になって私の話を聞いてくれた人はいない」と言ったニュースを聞いて、人生にとって生き甲斐とは、最終的に、自分の話すこと、自分の存在を必要とする人がいることだろうと思いました。

糸井　とはいうものの、「聞いてくれる人がいる」という地位も、実は危うい。この頃、うちの事務所で誰も俺の話を聞きたがっていないムードが……。

阿川　あららら。

糸井　事務所の近くにスーパーのピーコックが2つあって、坂の上にあるのを「上ピー」、下にあるのを「下ピー」と呼んでいるんですね。で、みんなでワイワイ言いながら上ピーに行って、「俺、このマカロニサラダ買う」「おまえ、それはカロリー高いぞ」なんて言うのが楽しいんですよ。ところが最近、「俺は上ピーに行くけど……」とさりげなく声をかけても、返事がない時がある。

阿川　さびしーい。大丈夫？（笑）　知り合いに、ダジャレを連発するおじさんがいて、いつも身近にいる人は、耳をふさがんばかりの顔をするのね。でも私はその人に頻繁に会うわけじゃないから、ダジャレが出ると、「くだんなーい」と言いながらもつい反応しちゃうんですよ。そしたら、おじさん、本当に喜んでくれて、生き生きし始めちゃって。

糸井　そういう功徳を積んでいるからこそ、人が阿川さんの話を聞くんですよ。

阿川　「情けは人のためならず」ですから。（笑）

糸井　御厨先生も人の話を自然体で聞いているから、助手の人たちが「どうでしたか今日は？」と聞いてくれるんでしょ。

御厨　ところが、僕が何時頃に研究室に戻るという連絡を入れると、その頃からみんないなくなったりして。

糸井　わ、涙出そう。

御厨　全員いなくなるとまずいから、必ず生贄が一人待ってるの。でも僕は、生贄に向かって話したくはなくて、今日はあいつにしゃべりたい、というのがある。

阿川　私の落ち込み解決法は、まず寝ること。布団から出る頃に友達から電話がかかって、元気のない声を出すと、「どうしたの?」となるでしょう。待ってましたとばかりに、「実はこうで」と言うわけですよ。相手は「ふーん、ふーん」と言った後、「ところでさ、何食べる?」。

糸井　実にいい会話ですよ。

阿川　そうすると、「大したことないんだ、こんなこと」と思える。それを5人くらい繰り返せば、すっかり発散できるから、私は基本的に相手を選ばない。誰でもいいので生贄をつかまえます。

糸井　あ、それでうちのホームページにたくさんメールが来るんだ。知らない人からの不倫の打ち明け話とか。最後に「この話をメールで出せる相手がいればよかったんです。すみません」だって。

阿川　私かな、それ。

糸井　全国の阿川さんが（笑）。素晴らしいことなんでしょうね、しゃべるって。

阿川　ただね、私は友達にガーッと話しているうちに、こちらばかりしゃべっている不安を感じ始める。だから、「あなたはどう?」と、自分にストップをかけます。相手が「私もさぁ」と話せば、これで同等になったという安心感を得ると。

糸井　カラオケと同じですね。続けて歌ったんで、「次、あなたの番よ」。

阿川　似てる。相手が3曲歌うと、「さあ、また堂々と私、3曲歌える」。（笑）

話し下手さんとこそ話したい！

糸井　同じ人の話を長く聞いていると、その人が生き生きとしゃべり始める時ってあるでしょう。

御厨　あります。しゃべるのが決してうまくない人が一所懸命にしゃべっているうちに、自分の文体を獲得していくとか。

糸井　そういう時、その人の人生や人格も変わってると僕は思うんですね。何かで表現をすると、そこからさらに次の表現が生まれてくる。「お料理上手だ」と言われた人が、もっと上手になっていくみたいに。

阿川　自分はつまらない話しかできないなんて萎縮している時に、そんな自分の話にピッと反応されたりすると、その喜びは格別ですね。

御厨　だいたい会う人、「私の話なんて役に立ちますかな」と言うから、「こうでこうで、役に立ちます」と説明すると、それで対話に入ってきてくれる。僕らがすごく嬉しい瞬間というのは、1回に2時間くらい話してもらうでしょう。1時間くらい過ぎたところで、相手の顔にすこーし赤みが生じて、目が生き生きしてきてね、「あ、これから出るな」と思うの。すると、「ああ、これが彼の経験した中で、一番言いたかったことなんだろうな」という話がスーッと出てくる。どこにも装飾がなくて、こちらも彼の話を素直に受け止められる。そのシーンに出会った時は、至福の瞬間ですね。

阿川 そういう時は、ニコニコしちゃう。

御厨 ニコニコしちゃう。

阿川 先生も正直な方ね。(笑)

御厨 もう、今日、相手の公人としての記録がどうなろうといいじゃない、という心境(笑)。こっちは聞き手としてノッて、向こうは語り手としてノる。一番面白かったのは後藤田正晴さんで、彼は最初、「語ることに何の意味がある」と、嫌がっていたんです。ところが途中からノッてきて、結局、2年半にわたって60時間つきあいました。後藤田さんは、それまで官僚が外で何か言ってはいけないと考えていらしたんですね。そもそも歴史には正しい大義があって、自分がそれに対して何かを言うと、それは雑音になると。ところが、おしゃべりの時間が増えるに従い、むしろこれからの社会は雑音をうんと言ったほうがいいんだとおっしゃるようになった。しゃべることで多様な価値観を認識するようになって、あの時期以降ですよ、後藤田さんがいろいろな場所に出て、たくさんの方とお話しするようになったのは。

阿川 私も、対談のゲストとしてご登場いただいたことがあります。すごく面白かったですよ。じゃ、私がお会いしたのは御厨先生の後だったんだ! よかった。

糸井 後藤田さん、語り上手にもなられたんですか。

御厨 ええ。最初の頃は官僚的答弁でした。印象に強く残っているのが、初日に話を聞いた時、「これ、いつ載るの?」と聞くので、僕は「載りません」と答えたこと。つまり、彼はいつものように記事として載るのかと思っていたし、新聞記者に聞かれてすぐに出せるコメントは、いくらでも用意していた。でも、僕らが求めているおしゃべりはそうじゃない。そのことに後藤田さんも気づき、インタビューの回を重ねるうちに、やはり一般の人間と共通の言葉で語ったほうが楽しいと思ったんじゃないかな。彼の中でおそらく〝おしゃべり革命〟が起こった。以後、非常に語り上手になりましたね。

糸井 そんな後藤田さん、いいですねぇ。

御厨 最後の頃なんか、前の日、奥さまに向かってしゃべってたというんだから。

阿川 練習してた?

御厨 一応、自分なりの構成を考えてたんでしょうね。何か紙を持っているから、「それ、何ですか」と聞いたら、「見せん!」と言ってたけど。(笑)

糸井 僕なんか話のツジツマは合わないし、しゃべるの下手だしなぁ。考えるに、おしゃべりがうまい人はアイデアに満ちてますね。聞いていて、「そう来たか!」と感心する。あと、間の取り方。

阿川 エピソードのディテールをしゃべるのがうまい人もいますよね。それはいくらだったとか、この時に彼女はこうつぶやいたとか。どれほど感激したかを形容詞だけで言うのではなく、具体的に語れる。あ、今、思ったんですけど、しゃべり上手は記憶力が武器になり、聞き上手は忘却力ね。

糸井　たとえ前に聞いた話題でも、忘れたことにする……。

阿川　私、マジシャンの方に、「阿川さんは本当にいいお客さんです」と言われたことがあります。カードマジックを見て、「すっごーい！」と興奮してたら、「僕の記憶では、これ、もう4回見せています。なのに、毎回初めて見たように」って。私、本当に初めてだと思ってたけど。（笑）

糸井　阿川さん、日々が「一期一会」でしょ……まるで観音様じゃないですか。

阿川　でも私、しゃべるのはやっぱりすごーく下手ですよ。あれもこれもしゃべらなきゃ伝わらないだろうと思ってサービス過剰だし、「前段がものすごく長い。本題はいつ来るんだ」といつも怒られる。

糸井　僕は、阿川さんをおしゃべり上手だと思っていますし、その一つの理由も今、はっきりと言えます。

阿川　えっ？

糸井　楽しそうにしゃべること。

阿川　アハハハハ。そうかなあ。

糸井　料理人が楽しそうに料理をしているのを見たら、それだけでその料理はものすごくおいしく見えるんです。相手がついつられてしまう共感性ってありますね。御厨先生も楽しそうに話されるし。

御厨　実際、しゃべっていて楽しいんですよ。こういうところで話すのも楽しいし、授業で語るのも楽しい。ゼミなんか、学生に「今日はキミたちの話を聞こう」と言いながら、ずっとしゃべっている自分を発見して……。「つまらない」と思うのは教授会の席ぐらいです。あれは、官僚的トークに包まれていますからね。

糸井　「為《ため》にする」という言葉がありますが、おしゃべりも「為にする」のが、一番つまらない。僕もこの場でたくさんのゲストにお会いしましたが、話し方の上手下手なんて関係なく、いろいろな人と話せる、しゃべることが楽しい——それが幸せでしたね。

人前での話し方

樋口裕一

現代のビジネスパーソンとして生きていく限り、人前でのスピーチを避けて通るわけにはいかない。プレゼンテーションでも、結婚式でも、歓送迎会でも、あるいは朝礼などでも、スピーチの機会がいやおうなく与えられる。

もちろん、スピーチだからといって特に気がまえる必要はない。日常的な行為の一つなので、気楽に話せばよい。

とはいえ、スピーチはその人の能力を如実に表す。スピーチの内容によって、周囲の全員に知的なレベルを測られているというのも事実なのだ。

双方向でのやり取りがある会話と違い、スピーチは一方通行で話される。聞く側は、聞くことだけに集中しているわけで、必然的に、内容にもしっかり注意がいくし、構成の良し悪しも露骨にわかってしまう。「○○さんのスピーチのほうがよかった」など、比較も容易であり、知的レベルをしっかり評価されてしまう。

愚かなスピーチをすると、頭が悪いとみなされ、部下からも軽く見られるかもしれない。ビジネスパーソンであるからには、愚かと思われないように気をつける必要がある。

そんなわけで、ここでは、愚かと思われてしまうスピーチの例を示すことにしよう。

自分が話をしなければならない場合、以下のような話し方をしないように重々気をつけていただきたいものだ。

自己紹介の挨拶で

初めて会う人に、自己紹介をする場合が多いだろう。取引先の人との顔合わせの席や歓迎会の席、着任の挨拶などだ。そして、ここで頭が悪いと思われてしまうと、その後の仕事に影響する。特に注意する必要がある。

・自慢ばかりする

「私は東大を出たあと、ハーバード大学に留学し、その直後、現在の部長からぜひ来てくれという誘いを受けて入社し……」などと言うと、本人は自慢のつもりでなくても、周囲からそのように見える。

それほど露骨ではなくても、「今日の料理はアメリカに留学していたころよく食べていたので……」などと自分の華やかな履歴をほのめかすのも知的には見えない。

自己紹介をする席の種類にもよるが、日本社会では、自分の華やかな履歴については、質問されたときに遠慮がちに答えるくらいにするほうがよい。そして、むしろ、自分の信念やこれまでやってきた仕事の内容などについて話すことで自分の考え方や性格を知ってもらうことに重点を置くべきだ。

・強がりを言う

自慢しようにもできないというタイプの人が、自己紹介のときに、「あと一歩で成功するところだった」とか「私に任せてくれれば、うまくいったはず」というような強がりを言う。時には、この種の人は、長年の恨みが言葉に出て、「私の業績を、課長が自分のものにしてしまった」などということを人前で言ってしまうことも多い。

このような強がりを聞くと、多くの人は、「こんなふうに自分の失敗を認めずに、強がりばかり言う人には誰も仕事を任せないだろう」と思うのだが、本人は気づいていないことが多い。

・何も言わないに等しい

気を使いすぎるあまり、何を言おうとしているのかわからない人もいる。自慢めいたことを言ってはならない、失礼になることを言ってはならない、礼儀を尽くさなければならない……などと思って、当たり障りのないことばかり言っているうちに、聞いている人には何を言っているのかわからなくなってしまう。

特に、派閥が対立している場合、両方の派閥の顔を立てて、あちらの部長、こちらの部長の話したことを引用したりする。

しかも、自分の意見を言うことをためらって、「僭越ながら」「私ごときが言う資格はございませんが」などといった弁解の言葉がたくさん入ってくる。そして、何かを言うときにも、周囲の顔の表情を見ながら「……必ずしもというわけではない」「……という人もいるにはいるが、そうとばかりはいえない面もあるように思われるので、それについても考えていかなければいけないといえるのではないでしょうか」などという歯切れの悪いことばかり言う。

これは最も愚かなスピーチといってよいだろう。聞き終わった後、誰の心にも何も残らない。無意味なことを言っていたことだけが、聞き手の記憶に残っているようなスピーチだ。

・長いスピーチをする

自己紹介というのは、言いたいことが伝われば、短いに越したことはない。ところが、長々と話をする人がいる。その人が主賓として一人だけで演説をすることが求められているのなら、それでもよいこともあるが、そうでないのに、長時間使っては、愚かであるばかりか、マナー違反ということにもなる。

この種の人は、自分のエピソードを語ろうとする傾向がある。そして、そのエピソードを語るために言わなければいけないことが出てきて、それを説明しているうちにどんどん話が肥大していく。そして、聞いている人のほとんどがその話に飽きてくるのだが、本人だけが嬉々として話を続けるといったことがしばしば起こる。

・羅列する

自己紹介として、自分のさまざまな要素をあれこれと語る人がいる。名前、星座、血液型、出身地、出身校、趣味、性格、愛読書、これまでの仕事の内容などなど。

ところが、たくさんのことを言えば言うほど、聞いているほうは、どれも頭に入らない。しかも、新しい仕事を一緒にしようという顔合わせの場で、どの分野が得意なのかを把握しあうのが必要なのに、それとは関係のない海外体験を長々と話したりする。こうして、結局、何も言っていないに等しくなってしまう。

どのような場かによっても異なるが、その場で最も関係の深い一つのことにしぼって、聞いている人の印象に残るように話す必要がある。

・つじつまが合わなくなる

自己紹介をする場合、自分で何を言うかを決めておかないと、つじつまが合わなくなることがある。とりわけ、立場上、言わなければいけないことを言っているうち、だんだんと建前と本音が入り混じって、大混乱をきたすことがある。

たとえば、「私は辛抱強い男なので、何でも相談してほしい」と言い出したのに、途中からエピソードを語ろうとして、どう考えても、辛抱強いとはいえないようなことを言い出したりする。

とりわけ、何かの例を出して言おうとするうち、例に引きずられて言おうとしていることを忘れ、その例が、むしろ別の意味を持ってくることが多い。

会議・商談の場で

取引先へのプレゼンテーション、朝礼でのスピーチ、会議での発表など、さまざまの場でスピーチが必要だ。このような場こそ、自分をアピールする機会だ。ここで知的なところを見せると、周囲の高い評価を得られる。逆に、下手をすると、ここで愚かさを示してしまって、信用を失墜してしまう恐れがある。

・対立を曖昧にする

日本人はしばしばイエス・ノーをはっきりさせない傾向があると言われる。とりわけ、反対意見があった場合、中途半端な妥協案を示したり、両論併記で話を進めたりして、何とか対立をぼかそうという傾向が強い。

そして、先にスピーチした人と対立しているところがあっても、「おっしゃることはよくわかりますので、十分考慮させていただきます」などと曖昧なことを言ってしまいがちだ。

だが、言うまでもなく、物事を決定するには、イエス・ノーを明確にする必要がある。それをぼかしていたのでは、会議は先に進まない。

・根拠を言わず決め付ける

根拠を言わずに決め付ける人がいる。たとえば、「A案は取り上げません」などと言って、なぜそうするのかをきちんと説明しない。もちろん、説明しなくてよいこともある。それを説明するよりも、もっと大事なことがあるような場合だ。だが、原則として、聞いている人が納得できるように説明しなければならないだろう。

決め付けずにしっかりと根拠を示し、相手を説得するというのが、知的な人間の態度だ。それを忘れると、なんでも決め付ける視野の狭い人間とみなされてしまう。

・くどくどと同じことを繰り返す

スピーチはてきぱきしていなければいけない。同じことを二度三度繰り返す必要はない。

会議などの席では、とりわけ時間がない。さっさと議論して次の話題に進むべきだ。時間をかけたからといって、論議が深まるわけではない。

ところが、スピーチの中で同じことを何度も繰り返す人がいる。どうやら、繰り返してこそ、強調できると考えているらしい。

だが、同じことを繰り返しても、聞いているほうは退屈するだけだ。

・感情的に考える

スピーチなどで感情的に考えて話してしまう人がいる。

「こんなことをすると、課長がかわいそう」「いつも係長の提案に反対しているみたいで申し訳ない」などといったことを口にする。

また、「君が入社したとき、あんなにめんどうを見てやったのに、私の意見に反対するのかね」などと言うべきではない。陰でそのようなことを言うのはまだよいとしても、会議の席ではあくまでも理性的でなければいけない。

感情的に語るとそれだけで理性的に考えられないと周囲にみなされてしまう。

・丁寧すぎる

丁寧すぎるスピーチも、実は愚かに見える典型だ。

聞いている人の誰もが知っていることを繰り返ししゃべる。あるいは、聞いている人の誰もがまったく関心のない細かいことをいつまでもくどくどしゃべる。

たとえば、売り上げの数字のすべてを口で列挙したりする。そのような細かいことは別の資料にして配布して、それを見てもらえばすぐにわかるはずなのに、それをスピーチの中に加えようとする。特に、配布資料のすべてをそのまま読もうとする人がいるが、それは無駄なことだ。話をするときには大事なことのみにして、後は資料に回すなどの配慮が必要だ。

慶事・弔事のスピーチで

祝い事などの場面で、他人を紹介するスピーチをする機会も多い。結婚式で新郎新婦の紹介をする、歓迎会で新入社員の紹介をする、葬儀での弔辞、パーティでのお祝いの言葉などだ。

ところが、これについても失敗すると、悲惨なことになる。愚かさを示すばかりか、場の雰囲気を壊してしまうことがあるので、注意が必要だ。

・自分のことばかり話す

他人が主役のはずなのに、自分がしゃしゃり出てしまう人がいる。他人の紹介をしているはずなのに、その部下を引き立てた自分の自慢をすることもある。時には、紹介すべき人をそっちのけで、自分の活躍を語り続ける。とりわけ、「社長と先日話をしたとき……」などと言って、社長ともしばしば意見を交わしている様子をアピールしたりする。そして、スピーチの最後のほうで少しその日の主役に話を戻して終わる。

聞いている人は、その自己顕示欲の強さ、場違いな状況にあっけにとられているのだが、本人だけは満足していることが多い。

・ウケを狙って悪ノリする
スピーチをするとき、つい笑いがほしくなるもの。もし、才能があったり、しゃべり慣れていたりすると、うまく話ができて聞いている人から笑い声が漏れたりする。

だが、時として、ウケないことがある。以前受けたのと同じネタを言っても、うんともすんとも反応がない。そのようなとき、ついだんだんとエスカレートしていく。

結婚披露宴などの場合、ウケを狙ってしゃべっているうち、新郎新婦の悪行をばらしてしまうなどといったことにもなる。

結婚披露宴に限らず、ウケを狙うとろくなことはない。


ついリップサービスをしたくなったり、心にもないことを言ってしまったりする。そうしたことは、周囲には愚かに見えているものだ。

・忌み言葉を口にする
言うまでもないことだが、冠婚葬祭でのスピーチでは忌み言葉に気をつける必要がある。

もちろん、あまりに神経質になる必要はないが、結婚式では、「終わる」「切る」「破れる」「別れる」「離れる」などの言葉は使ってはいけないことになっている。また、「戻る」「去る」「帰る」などもできれば避けたいとされている。また、結婚披露宴の場合も葬儀の場合も「なおまた」「かさねがさね」「再三」などの言葉も使うのを避ける。

これらの言葉を使ってしまうと、とりわけ年配の方に、「無教養」とみなされてしまう。

それぞれに言い換え言葉があるので、冠婚葬祭でのスピーチを依頼されたら、前もって調べておく必要がある。

・内部事情に入り込んだことを言う

取引先の創立記念パーティなどでスピーチをするといった場合は、前もって関係する企業の情報を仕入れておくことを勧める。

それをしないで、勝手に話をすると、事情を知らないままに話をすることになるので、内部の人にとっては的外れなことを言ってしまう恐れがある。たとえば、犬猿の仲で常に敵対している二人を外部から見て「よきパートナー」と評したりして、事情を知っている人から失笑を買いかねない。

・楽屋オチを言う

楽屋オチというのは、言うまでもなく、仲間にしか通じない冗談のことだ。もちろん、内部の人だけの集まる席で楽屋オチを言うのは、少しもかまわない。だが、愚かな人は、外部の人の多いところでも、それを言ってしまう。そして、まるでそうすることが偉いことであるかのように業界用語を用いる。

こういう人は外部の人がその場にいるということを忘れてしまっているのだろう。

頭が悪く見えるスピーチの例を挙げてきた。ここに示したようなスピーチをしないように、よく心にとどめておくことをお勧めする。

そして、まずは、機会を見つけて他人のスピーチに耳を傾け、どのように愚かか、どのように賢いかを判断してみるといいだろう。参考になることが多いはずだ。そして、その後で、自分で実践してみる。

あとは、慣れと度胸でスピーチはすぐにうまくなるものだ。

あなたの「敬語力」をチェック！

萩野貞樹

敬語なんて、じつは何もむずかしいものではありません。ところがみなさん、何となく面倒で厄介なものと思っていますね。図星でしょう？

なぜそうなのか、それにははっきりした理由がありますから、その除去作業をまず済ませてしまいましょう。

ひとつ、えらい学者の言うことは聞くな。

ひとつ、文部科学省やら国語審議会やらの指導したことは忘れろ。

ひとつ、国語の教科書で習ったことは忘れろ。

右三項目ができさえすればもうだいじょうぶです。

だいたいみなさん、まじめなもんだから何でもひとの言うことを聞こうとする。まず、えらい学者の言うことを聞こうとします。それがよくない。

いや私だってそのはしくれですよ。しかし「えらい学者」ではないからご安心ください。

さて学者たちは、意見を求められるとたいてい、敬語は旧時代の遺物であるからあまり気にするなということを言う。大石初太郎、柴田武、田中克彦といった方々です。

ところが実際は、仕事や社交の中で適切に敬語が使えないと適応力が疑われますね。現実の不利をこうむることがある。

そこで素直なあなたは、社会の不合理に目覚めたりなんかしちゃう。

これがいちばん悪いパターンです。

だいぶ昔ですが国立国語研究所が、「目上の人に敬語を使うのは当然だ」とする意見の賛否を学歴別に調査したことがあります。支持率は、

大学卒以上　　七五・〇%
義務教育　　八八・四%

と出ました。これを引いて例えば大石先生などは、学歴の高いほうが「進歩的」であるとし、これは「教養の高さを示すものである」と論じています。

いやあ、参りますね。こういう指導を真に受けていたら、敬語がだめになることはおわかりでしょう。

つぎ、文部科学省やら国語審議会やらの指導の件ですが、例えば昔（昭和二十七年）の『これからの敬語』がありますす。これは今も世間一般でも学校でも非常な威力を持っていますが、そこには、これから敬語はなるべく

「れる・られる」くらいにしていきたいという意味のことが書かれています。

そこで素直なあなたは、「先生はいかれてしまったのですか」だの「課長は今ロッカーの中を調べられています」だのと言いだすようになったわけです。

また平成十二年には国語審議会が最後の答申として『現代社会における敬意表現』を出しました。これはひとくちに言って敬語つぶしの宣言です。

答申は「これ食べていいかなあ」だとか「水ほしいんだけど」といった言い方を「現代社会における敬意表現」と位置づけました。これが敬意表現だと正直に思い込んだあなたは、目上の編集長や社長に向かって、

今ちょっと飯食ってきていいかなあ

あんたの持ってるその書類見たいんだけどさあ

とかいう話しぶりで話すことになります。審議会や文部省公認というわけなので文句はないはずですが、まあこれでは仕事はさせてもらえませんよ。

三番目は、国語の教科書で習ったことは忘れろ、ということです。

素直なあなたは、国語の教科書なら私たちの日常生活で使う敬語よりは少しばかり丁寧な敬語を教えているものと思っていませんか。ちがいますよ。目上の人は敬語で扱わないように指導しているのです。

おばあちゃんがあそびにきた。

せんせいが、こくばんにかきました。

これが教科書の教える敬語の世界です。（右二例は学校図書、平成十一年検定済『こくご』一ねん上）

「もうすぐ　あたたかに　なりますよ」

先生は、黒ばんに「春」と書きながら　言いました。（東京書籍、平成十三年検定済『新しい国語』二上）

「あそびにきた」とある。「こくばんにかきました」とある。おばあちゃんや先生の行動について敬語は断じて使わせない、おぼえさせない、というのが教科書の立場になっています。

昔の例えば国定第二期『尋常小学読本』（明治四十三年～大正六年）には「オカアサン」という一章があってこんな文章でした。

アカンボノトキニ、ダイテチチヲノマセテ　クダサツタノハ　ドナタデスカ。

「乳をのませてくださる」、「どなた」。

それは昔だって、家庭内で常にこのように話していたわけではないでしょう。しかしとにかくこうした表現法を目指していた。

今の教科書でこうした本文以上にひどいのは、敬語の指導ページ、解説部分です。それについて私はあちこちでしゃべりまくっていますが、ここではたったひとつだけ言っておきましょう。

たとえばある教科書では、「尊敬語」のことを解説して「いらっしゃる」ほかの例語を挙げ、次のように言っています。

《相手や、相手に関係している事がらを敬って言い表す言葉づかいです。》

ひどいもんですねえ。え、どこが？とおっしゃいますか。

ではこんな文章を見てください。

先生がいらっしゃるというのに、何をぐずぐずしているんだ

さてこの「いらっしゃる」、「相手や、相手に関係している事がらを敬って」使われていますか。「相手」というのは対話の相手方、聞き手のことですよ。

あなたが奥さんに、

エリザベス女王陛下は、伊勢にもいらっしゃったんだそうだね

と言ったとしましょう。これはどうですか。相手・聞き手は女王ですか。奥さんでしょう。教科書は奥さんを敬って「いらっしゃるを使った」と教えるのです。

教科書でみなさんはこんなウソを習ってきました。尊敬語というのは、相手が誰であるかは関係なく、とにか

く話題に上がった人を敬って使う敬語なのです。

学校がこういう状態なので、みな国語が嫌い、敬語なんかめんどくさい、と思うようになりました。だから私はみな忘れろと言うのです。

さて、頭がからっぽになったところで問題といきましょう。ほかの問題とちがって敬語の問題だけは、頭がからっぽになればその分成績も向上するというふしぎな分野なのです。

まず丁寧語の問題。


【丁寧語】

① あなたがこれまでさんざんいたぶられ、迷惑をこうむって来たやくざ者が、麻薬かなんかでやっと捕まったようである。あなたは喜んで親分に伝える。どう言いますか。

例解 あの野郎もやっとふんじばられやがったようです

この「です」が丁寧語で、直接の話相手（聞き手）専用の敬語です。話題とはまったく関係がありません。「あんちくしょう、くたばりやがったんス」の場合も敬語、丁寧語が使われています。つまり「ス」。これは「です」の省略形です。

「おまえ、やるか」「やるッス」の「ッス」も同様です。

ただ、これは元にもどすと「やるデス」となりますね。ちかごろ多いけれどもやめた方がよい。一般に、動詞や形容詞、助動詞の言い切りの形に「です」をつけるのはみっともない。あるデスか、ないデス、行かれるデスか。行くデス――。

その地方の人には悪いけれども田舎言葉ですね。「ないデス」なんかはちかごろ東京でもひどすぎる。だれでもかれでもが「じゃないデスか」なんてやっている。私はこれを「ジャナイデスカ症候群」と名づけています。今日からやめましょう。「じゃありませんか」と言いましょう。

ところで、この種のもの、丁寧語は「です・ます・ございます」の三つだけです。もちろん「ス」「ッス」のほか、ザマス、ザアマス、ゴザンス、ゴンス、ザンス、ヤンス、ヤス、ゲス、アリンスほか変化形はありますがみなこの一類です。聞き手にしか使いません。

話題には関係がないと言いましたが、毎朝テレビでおなじみのアナウンサーがスタジオの仲間に向かって、「天皇陛下が検査をお受けになられたようでゴザイマス」と言ったのはおかしかった。話題は関係ないんだってバ。いま、丁寧語はこれだけの話ですからここまでにします。

【尊敬語】

尊敬語とは何か。さっきも言いましたが、要するにだれでもいいから話し手から見て上位の人が話題に出たら、その人の動作・状態、またその人に関わるものごとについてつける敬語です。

だれでもいいのですよ。孔子さま、聖徳太子、奈良の大仏、太閤秀吉、担任の先生、会社の上司、お客さん、おじいちゃん、お母さん、親方、先輩、その他もろもろ。電車で乗り合わせた行きずりの人であっても、話を交わす段になれば一応目上として扱いますから、知らないよその人でもいい。とにかく話題に上った人で上位に扱うならぜんぶ尊敬語を使います。

孔子さまがおっしゃった
聖徳太子が制定なさった
太閤殿下のお気に入り
社長のお車
おじいちゃんがなくなった

というわけです。

挙げた例でも分るように、尊敬語というのは、話の聞き手とはまったく関係がありません。「孔子さまがおっしゃったことでございます」ともなるし「孔子さまがおっしゃったことなんだよ」ともなる。聞き手とは無関係に「おっしゃる」が現れるのです。

解答の要領をはじめに言っておきます。ほとんど答えみたいなものです。

一　敬語の助動詞「れる・られる」は原則として使うな。
二　二重敬語は原則として使うな。
三　二重敬語を避けるときには前の方を省いて後を生かせ。
四　「お（ご）――する」は謙譲語であって尊敬語ではないことに注意せよ。

さてこのことを頭に入れて問題です。いざ。

① 先生がその絵をじっと見つめていたことを、先生への尊敬語で表現したい。どう言いますか。次から選びましょう。一つではありません。

1 先生はその絵をじっと見つめられていた
2 先生はその絵をじっと見つめていらっしゃった
3 先生はその絵をじっと見つめておいでだった
4 先生はその絵をじっと見られていた
5 先生はその絵をじっとお見つめだった
6 先生はその絵をじっとお見つめになられていた
7 先生はその絵をじっとお見つめされていた
8 先生はその絵をじっとお見つめしていらっしゃった
9 先生はその絵をじっと見つめておられた
10 先生はその絵をじっとお見つめなさっていた

② 先生に「コーヒーを飲みたいか」とたずねて勧める。どう言いますか。

1 コーヒーなどいかがですか
2 コーヒーを飲まれますか
3 コーヒーをお飲みになりたいですか

4 コーヒーをお飲みになりたいとお思いでしょうか
5 コーヒーを飲みとうございましょうか
6 コーヒーをお飲みになりとうございますか
7 コーヒーをいかがでしょうか
8 コーヒーなどお飲みになりますか

③ 講演会場で講師を紹介して、「先生は近世文学を研究している」と述べる。どう言いますか。

1 先生は近世文学をご研究しています
2 先生は近世文学を研究していらっしゃいます
3 先生は近世文学をご研究されていらっしゃいます
4 先生は近世文学をご研究でいらっしゃいます
5 先生は近世文学をご研究になられています
6 先生は近世文学をご研究でございます
7 先生は近世文学を研究しておいでになります
8 先生は近世文学をご研究されています
9 先生は近世文学を研究されています
10 先生は近世文学を研究なさっておいでになります

④ あなたは課長。部下に「社長は今日の会合に出るか」と尋ねる。どう言いますか。

1 社長は今日の会合に出られるかね
2 社長は今日の会合に出るかね
3 社長は今日の会合においでになるかね
4 社長は今日の会合にいらっしゃるかね
5 社長は今日の会合においでになられるかね
6 社長は今日の会合に出席なさるかね
7 社長は今日の会合にご出席するかね
8 社長は今日の会合に出れるかね
9 社長は今日の会合にお出《で》になるかね
10 社長は今日の会合にご出席されるかね

⑤ 創立者長老の妻が会場に来ていることを同輩に伝える。どう言いますか。

1 奥さまが来ておられる
2 奥さまが来ておいでになる
3 奥さまが来られている
4 奥さまがおいでになっている
5 奥さまがお見えだ
6 奥さまがお越しになっている

7 奥さまがいらっしゃっている
8 奥さまがお見えでいらっしゃる
9 奥さまがお見えになっている
10 奥さまが見えている
11 奥さまが見えられている
12 奥さまが来ておいでだ

答
問① 2 3 5 9
問② 1 7 8
問③ 2 4 6 7 10
問④ 3 4 6 9
問⑤ 1 2 5 8 12

①の1「見つめられていた」は「られる」が使われていますね。この「れる・られる」というのは、受身・可能・自発・尊敬と四つの用法があってまぎらわしい。よほど上手に使わないと誤解されます。だから初めから避けた方がいいのです。たしかに尊敬用法はあって文法的にはいいのですが、埋められる、撫でられる、さすられる、こすられる、逃げられる、などと言っても、ちょっと尊敬語には聞えないのではありませんか。

所長は褒美を与えられた

お祖父さまは庭の隅に埋められた
先輩はとうとう追い越された

いけませんね。「れる・られる」はやめましょう。「しておられる」の場合だけに抑えたいものです。

また、この1と4、6、7、10には共通の欠点があります。文末が敬語になっていないということです。〔要領三〕の「後ろを生かす」ことをやっていません。残念ながらテレビ・ラジオのアナウンサーたちもほとんどこれですが、例えば「なさっておられる」と二重になりそうなときは、前を省いて後ろを生かすのが敬語法の大原則です。つまり、

しておられる　見ておられる

とします。されている・見られている、ではありません。
②のコーヒーの件、目上の人の飲食に関して、直接希望をきくのは失礼です。飲食でなくとも、相手の希望をきいてはなりません。「飲みたいですか」「食べたいですか」なんて論外です。希望をききたいときは、相手の選択にまかせる形をとるのが常識です。すなわち「いかがですか」「いかがでしょうか」。
また「飲みたいデス」という形、これは丁寧語の所で言ったように田舎言葉、ないしは幼児語です。
③の1「ご研究する」は尊敬語の形ではありません。「お手伝いする」「ご報告する」と言ってみれば分ると思います。だから3もだめです。
その他二重敬語の問題、省略の問題に注意してください。もしかして9を正解とした人はありませんか。アナウンサーたちはほとんどみなこれです。しかしみなさんはやめてください。

また10の「なさっておいでになる」は二重敬語ですが、非常に丁寧な言い方ではときに許されます。「出御あ

そばされる」などです。

④の1「出られる」はさきほど言いました。8は「ら抜き」のしかも可能表現ですから問題外ですね。

⑤の8は「お見え」「いらっしゃる」と二重ですが、前項で言った通りです。略すときは「お見えになっている」ではなくて「来ていらっしゃる」とします。

【謙譲語】

次は謙譲語です。これが最も混乱がはなはだしく、指摘すべきこともたくさんありますが、ここではわずかのことを言っておきます。ほかでもない「いただく」です。

これさえ直せば日本人の敬語の乱れの、まず三割は消えてなくなるでしょう。

「いただく」というのは謙譲語ですよ。つまり、上位の者から下位の者がなにかを受け取る動作をいう言葉です。

うれしいな、ぼく優等賞をいただいたよ

そのお菓子、おばあさまからいただいたの？

先生からお手紙をいただいたのね

ぜひおいでいただきたいのですが

というわけです。尊敬語ではありませんからくれぐれもご注意ください。

さて、次の言い方はぜんぶいけません。訂正してください。

①本日ご来場いただいた方にはもれなく記念品をさしあげます
②殿下もご臨席いただいております
③ご支援いただいた方々へのささやかながら御礼でございます
④お客さまはこちらに並んでいただきます
⑤当社まで至急お届けしていただきたいとぞんじます
⑥ふるってご応募いただきますようお願い申し上げます
⑦携帯電話は電源をお切りいただきますようご協力ください

例解

①本日ご来場くださった方にはもれなく記念品をさしあげます
②殿下にもご臨席いただいております
③ご支援くださった方々へのささやかながら御礼でございます
④お客さまはこちらにお並びください
⑤当社まで至急お届けいただきたいとぞんじます
⑥ふるってご応募くださいますようお願い申し上げます
⑦携帯電話は電源をお切りくださいますようご協力ください

「くださる」と言うべきところを「いただく」と言って平気な人が多いのはまったく困ったものです。

ところで、みなさんの中には、変だとは思っていたけれども「くださる」では丁寧すぎるような感じがしてどうも、と思っていた人はありませんか。それは大誤解です。丁寧の度合いの問題ではなくて、これらは意味用法がまったくちがう別の言葉です。チョウチョをトンボとまちがえたようなものです。気をつけましょう。

右の問題で少しまぎらわしいのは④と⑤でしょう。
④「並んでいただきます」は語の意味をとりちがえたものではない。ただ、こうした有無を言わせぬ宣告めいた言い方は失礼である、という点で不適です。
⑤も「いただき」自体は悪くない。この問はじつは尊敬語がらみです。「お届けする」というのは目上の所へ届ける動作を表す謙譲語なのに、ここでは尊敬語（お届けになる・お持ちになる）のつもりで使っている。だから、せっかく「いただく」自体は適当なのに、なんにもならぬ失礼な言い方になってしまったものです。
さてこれでみなさんの敬語は九割八分まで直りました。めでたしめでたし。

【評価点】


選択問題五題はかなりの難問です。選択肢五十すべての正誤を正しく判定してはじめて満点なのですから。それになにしろ言葉の専門家と言っていいアナウンサーたちのニュース原稿にあるような言い方でも（例えば「ご研究されている」など）×なのですから。

五題中三題完答ならじゅうぶん合格点です。

訂正問題は七題のうち六題は正解してほしい。

日本語に対して保守的になれ！

山中秀樹

「麦秋」の意味の正解者はゼロ

フジテレビに入社した新人アナウンサーは、五月半ばから六週間にわたって研修を受けることになります。月曜から金曜まで、最初はテキストを用いた「基礎編」。後半は先輩アナウンサーが、実際に使った原稿を教材にして実践的な「応用編」を受け持ちます。

これには系列局からの研修生もいますから、今年でいえば生徒は十二〜十三人。一人の講師が見る人数としてはほぼ適切な人数の範囲です。目は行き届きますから、新人たちの日本語の弱点などもよくわかります。

率直に言って、ぼくはこの時点で新人たちの日本語は信用できないと思っていますし、そういう前提で授業を始めています。また新人たちにも「自分たちは日本語を知らない」という意識を持たせています。

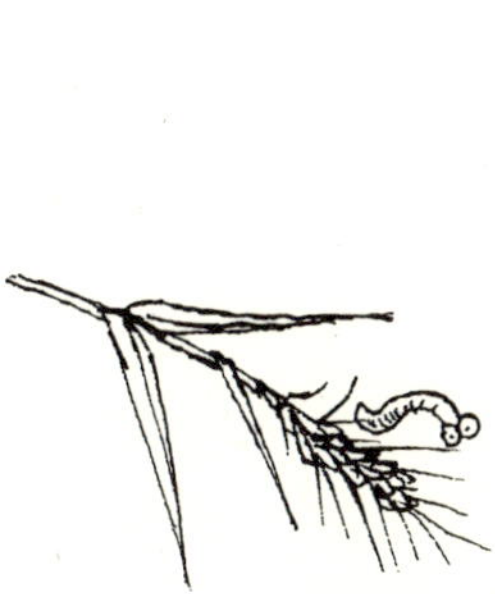

もともとアナウンサー試験を受けに来る子は、三〇〇〇人から選ばれた人たちですから、意識は高いんです。でも

普段からきちんとした日本語をしゃべっているわけではないから、すぐに化けの皮が剝がれますよ。

そこで研修では、最初はわざと日常的に使っていて意外と使い方を誤っていることばから始めます。

たとえば「小春日和」はいつなのかと質問します。するとたいていの答えは「早春、二月ぐらい」。当然、これは晩秋の、春のように暖かい日のことですね。これを正解できるのは十人中に一～二人ぐらいのものでしょう。

「麦秋」にいたっては全滅です。たしかに麦秋などは最近は使わなくなってきたことばですが、少なくとも季節でいつを指すのか、それくらいのことを知らないのか、というところから始めるわけです。

「ら」が抜けて「さ」が付く

近ごろの間違った日本語ではやはり「ら抜きことば」が目立ちます。見れる、食べれる。それから気になるのが「さ付きことば」。つまり「やらさせていただきます」という日本語になる。正しくは「やらせていただきます」。「ら」が抜けて、どういうわけか「さ」がつく（笑い）。

それと最近では、たとえば「このコーヒーはすごくおいしい」と言っていたものを「このコーヒーはすごいおいしい」というような使い方をしますね。つまり形容詞に形容詞を重ねる形容副詞の使い方がおかしくなってきている。

そこで、その新人たちに「すごいおいしい」は変だろう？と聞くと、「え？　どこが？」、正しくは『とってもおいしい』ですか？」と返ってくる（笑い）。そうじゃない「すごい」がおかしいんだ「すごく」だよ、と指摘されると、ようやくわかるんです。「ら」抜きや「さ」付きも言われたらわかるんです。知らないわけではないんですね、ただ不注意なんです。

だから「日本語に対してもっと敏感になれ。ことばの職業なんだから、アナウンサーが日本語を知らないというのは恥ずかしいことだよ」と口を酸っぱくして言っています。ただ一朝一夕にはいかないから、日ごろから口うるさく言ってあげないといけない。

だってふだん「食べれます」と言っている人が、中継のときになってちゃんと「食べられます」と言えるかどうかというと、なかなかできないものです。そういう使い分けができるとすれば、それは相当なベテランクラスです。そういう意味では、とくに若い人はふだんから正しいことばづかいをすることが重要な職業だと思います。

それだけに職場に比べるとアナウンス室はことばにはうるさい部署です。ことばの使い方やアクセントを間違うと、容赦なく訂正させるようにしています。電話の応対にいたっては、それこそ出前の注文から注意します。

日本語に対して保守的になれ

実際に若い人が使っていることばで気になる例をいくつか紹介しますと、まず「ムカつく」ということば。ムカつくってのはたとえば二日酔いの胸焼けとかで、怒るときに使うことばではない。ほかに、キレる、超ナントカも、気に掛かりますね。アナウンス室の話じゃないけど、最近いちばん腹が立つのはコンビニの店員の「千円からお預かりします」という言い方です。「千円をお預かりします」でいいことぐらい、誰にだってわかると思うのに、なぜか間違ったほうが蔓延していますね。

でも中には相当一般化していることばがあることも事実ですし、将来は日本語として認められていくのかもしれない。でもぼくは、そうであっても使おうとは思わないんです。

「アナウンサーは日本語に対して保守的でなければいけない」というのが持論であり、新人にもそう言い聞かせています。「日本語には流行語、若者ことばを含め、非常に多くのことばができては、やがて消えている。そういう変動とは関係なく、従来からある正しいことばを守りなさい、たとえ『見れる』を使わない最後の一人になったとしても『見られる』と言うべきだ」ということです。どう考えても「見れる」は文法上おかしいです。

それには当然、異論もあります。文法だって後から作った部分もあるでしょうし、ことばは移り変わっていくものだということも否定できません。ただ動いていくスピードというものがあります。アナウンサーはそのスピードに乗っかっていってはいけない。放っておいては、ことばはどんどん無秩序に動いていってしまう。だから歯止めが必要で、そういう意味においてアナウンサーは保守的なんです。もちろん踏み止まれないときもありますよ。

最近では「大安吉日」。最近これをタイアンキチニチと読むことが多くなっていますが、正確にはタイアンキッジツなんです。漢字の音読みは主に呉音と漢音から成っています。吉と日を両方漢音で読むとキッジツで、かつてはこれで読んでいたんです。それをいつのまにか呉音で読むようになってきたんです。しかも呉音読みと漢音読みはごちゃごちゃに成ってきていて、吉日にしてもほかにキチジツ、キッニチと、組合せからすると四種類ができるわけです。いまの流れからいくとキチニチになってしまうでしょう。それでもフジ系列は最後まで頑張っていたんです。五年に一度ぐらい用語の統一を図っているんですが、おそらく次の統一用語ハンドブックではキチニチOKになってしまうでしょうね。

「頭の中の辞書」が薄い

ぼくはアナウンサーになって二十五年になりますが、やはり最近はことばの変化を頻繁に感じるようになりました。例を挙げると数を数えるときの単位です。昔ならタンスは一竿、二竿、ちょうちんなら一張、二張が、ぜんぶ一個、二個になってしまっています。年齢までそうですよ。「一歳年上」を言うのに「一個上」という。英語的になったというと聞こえはいいけど、要は単純化している、ボキャブラリーが少なくなっているんです。

これだから表現方法が狭くなってしまうんです。そうならないためには、ぼくは「本を読め」と言っているんですが、若い人は読まないですね。それから辞書も引かない。知らないことばが出てきたらごく自然に辞書に手が出るものですよ。そう教えられもしました。そのことによって、探していたことばだけでなく、類語や同音語を覚えることもあった。それをやらないからボキャブラリーが増えないのは当然なんですよ。

たしかに新人アナウンサーの現場からの報告は、表現が陳腐で単純なことが多いですね。アナウンサーは出番前に原稿を推敲して、もっとほかにいい表現はないかなと考えるのですが、そのときに使う「頭の中の国語辞典」がまだ薄いんです。それを厚くするのはことばに対する日ごろの感性と経験。ふだんから使っていない表現をいきなり使おうとしても、それは無理です。たとえば「食べる」という表現にしてもほかにないかと。寿司もそばも、ハンバーガーもみんな「食べる」でいいのか、ということです。ほかにないのか、そばなら古くは「たぐる」、寿司ならいままでも「つまむ」ということばがあるはずです。そういうことばを、本を読むなりして、頭のなかの辞書にどんどん書き加えていかなければいけないんです。

ただ若いアナウンサーに表現力が乏しいのは、自分の日本語を豊かにしている余裕がないということも一因です。というのは、仮に一分半の生放送をやるとすると、その一分半を埋めるのに汲々としていて、表現は二の次になっているんです。

それから最近は帰国子女もいて、日本語にはずいぶん苦労しているようですね。でも努力はしていますよ。机の上に『ドラえもんの四字熟語』という本のシリーズが並んでたりする。なぜドラえもんなのかぼくにはわからないんだけど（笑い）。

消えゆく「古典ネタ」

ボキャブラリーと同時に、最近目立っているのは、一般的な知識、とくに故事や芸能に由来した表現を知らないことです。

たとえばおまんじゅうをいただいて、お茶をいれてもらおうと思って「お茶が恐い」と言っても、若い人には通じません。もちろんこれは落語の「まんこわ」から来ているわけです。恐いものは？　聞かれて本当は好物の「まんじゅう」と答える。騙された仲間がいやがらせをしてやろうと持ってきたまんじゅうをちゃっかりせしめ、次に恐いものは？　と尋ねられて「お茶」と答える、あの話ですね。それを知らないから「なんで『お茶をいれて』と言わないんですか」と怒られてしまう（笑い）。

落語や講談ネタ、いわゆる古典芸能の知識がない。それも急激になくなっていきましたね。百人中百人がわかっていた共通の話題、一種の教養かもしれませんが、それがなくなったんです。

日本の古典芸能に触れる機会が昔に比べてずっと少なくなっているのですから、仕方ないことかもしれません。

故事に由来する言い回しも同じように消えつつある。この手の日本的なウィットに富んだ表現は、将来的にはなくなっていくのかなあ、と少々嘆かわしくなりますね。

朗読で表現力を養う

ボキャブラリーを増やすためにも、教養を身につけるためにも、やはりアナウンサーにとって読書は大切なことです。また、それとは別に「きれいな日本語とは何か」と聞かれると、これが説明しにくい。そんなとき自分の好きな小説や作家の文章を挙げるとすごくわかりやすい。やはり、ことばにたずさわる者にとって、本は大きな意味を持つものなのです。

アナウンス室では週に一回朗読の勉強会を行なっています。銘々が自分の好きな本を持ち寄って、気に入った一節を朗読するんです。アナウンサーですから読みの勉強であることは当然ですが、同時に日本語の表現の勉強にもなるんです。きれいな日本語も、そういうところで考えることができます。

朗読といえば、フジテレビが主催している「ラブシーン」という朗読イベントが先日第四回を終えたばかりなんです。おかげさまでいつも満員です。この朗読会ではアナウンサーたちは日本の古典から現代小説、海外の文学など幅広い本を読んでいます。たしか退職した近藤サトなどは、近松門左衛門の作品を朗読していました。

そういうところから少しずつやっていくしかないでしょうね。しゃべるということは、日常生活の中で基本的な行為です。逆に言うと積み重ねで、経験がものを言う。しょっちゅう気にしていないといけないんです。

ことばは耳から

しゃべることの基本は耳なんです。耳から入った音を、口の形を変えたりすることで同じような発音を探す。例えとしてはあまり適切ではないかもしれませんが、耳の不自由な方の言語が不明瞭なことが多いのは、ことばが音として入ってくる部分での認識に障害があるからなんです。このことは、しゃべることは、まず聞くことから始まるということを証明しているのではないでしょうか。

ことばの音の部分で観察してみると、近ごろの若い人たちには、発音を崩しながら、すごく速いテンポで会話する傾向があります。

ただ新人アナウンサーがアナウンス室にいて先輩諸氏の会話を聞いていると、しゃべり方が次第に変わってくるものです。やはり基本は耳なんですね。知らず知らずのうちに身についてくるんですよ。まして先輩のアナウンサーは専門家なわけですから。そういう環境も大切なことです。地方出身の新人で、とくに大阪出身だったりすると、無理して標準語をしゃべろうとしてもぎこちないものです。それが時間とともに流暢になっていく過程でいちばん影響を与えるのは、本人の意識に加え、周囲の環境じゃないかと思います。

亡くなった逸見政孝さんはもとはバリバリの大阪弁の人でしたが、電車に乗っていてもほかの乗客の話に耳を傾け、自分と違うアクセントをいちいちメモしてアクセント辞典を引いて研究したそうです。

人によって時間のかかる人もそうでない人もいますが、本人の意識があれば、方言でも何でも、必ず治ると思います。アナウンサーの使うことばが必ずしも正しい日本語かどうかはともかくとして、視聴者の方にとっては一種の手本になっていることは間違いないと思いますし、ぼくたちもそういう自覚をもっています。正しい、あるいはきれいな日本語を覚えるには、やはり日ごろ耳から入ることばに敏感になっておくことが大切ですね。

自分とは「作りあげるもの」

樋口裕一

知的レベルの判断基準とは

いくら外見を美しく装ってみても、その人そのものが表れてしまうのが、言葉であり〝話し方〟です。

テレビを見ていても「黙っていればいい女なのに」「見かけによらず賢い人だ」などと思うことがあるように、話し方ひとつで、人となりどころか、その人の知的レベルまでも察しがついてしまう。

要するに話し方は〝頭がいい〟〝悪い〟の判断基準であり、話し方＝本人そのものと言っても過言ではないのです。したがって、自分を変えたいと思うなら、まず、話し方から変えてみてはいかがでしょう。

〝頭のいい話し方〟が身につくと、知的に見えるだけでなく、実際にも思考が整理されますから、より中身のある話ができる人になります。その結果、周りからきちんと評価してもらえる、会社で責任ある仕事を任される、ただの友達どまりだったつき合いが、さらに深いものに発展する……など、期待できる〝いいこと〟はたくさんあります。ただし、そのためには多少の訓練が必要です。

まずは聞くことから

話し方と言いましたが、まず強調したいのは、いちばん大切なのは、〝相手の話をよく聞くこと〟だということ。

私は、電車などでもつい周りの人の話し方に注意を向けてしまうのですが、最近の女性には、〝自分のことばかり話す人〟が少なくないように感じます。男性に比べて、利害を伴わないつき合いが比較的多いことに原因があるのかもしれません。そのような人は、はじめから相手を受け入れよう、認めようという姿勢で会話をしていないので、人の話を聞こうとしないのです。

相手を不愉快にするだけではありません。会話は言葉のキャッチボールですから、聞くことができなければ、いつまでたっても話し方は上達しないもの。

だからといって、「そうね、そうね」と相手の話を聞いて、ただ同意していればいいというわけでもありません。〝知的な人〟〝魅力的な人〟とは、言い換えれば「自分の考えをしっかりと持ち、自分の言葉で相手を説得できる人」です。そのためには聞くことと同様、論理的な話し方を身につけることが必須です。

4部構成の思考

論理的な話し方を身につけるには、私が受験生の小論文指導でも行っている〝4部構成の思考〟を頭に入れることが有効です。

まず、どんな話題でも、①「私は○○だと思います」と、はじめに自分の意見、主張を示します。次に、②「たしかに○○○という（あなたの）意見も考えられます」といったん反対の意見を受け入れてから、「が、しかし」と続け、自分の意見に切り返します。さらに③「なぜなら」を使って、自分の意見を肯定する根拠や理由を示し、最後に④「だから、○○なのです」と結論に導きます。

この考え方がしっかりと身につけば、誰でも〝知的な人〟〝できる人〟と、思わせることが可能です。

また、この話し方のいいところは②。一度相手の主張や立場を受け入れることで、押し付けがましい印象になりません。相手の反論封じにもなります。

相手の意見に賛成する場合でも、「こういう考え方があるかもしれないけど」と、反論を想定して話すため、視野が広がり一方的になりません。

さらに、対立軸をはっきりさせることで、「今、何が問題になっているか？」という話の論点が明確になります。よく見受けられる、感情に流されて何を論じているのかわからなくなるという、話のズレを防止する効果もあります。

この話し方は仕事の場面ではもちろんのこと、角を立てずに自己主張ができるので、目上の人との会話にもおすすめです。

そこで、このような論理的な話し方の、今すぐにできる訓練法を紹介しましょう。

ひとつは新聞の投書欄を利用する方法です。投書を読んだら、書いた人の考えに対して賛成、反対それぞれの意見を4部構成で考え、組み立ててみます。文字にしたら、100字から200字程度で構いません。もちろん実際に書いてもよいでしょう。また、文章を読むときも構成を意識しながら読んでいくと、内容を正確に理解することができます。

もうひとつの練習法としては、テレビを利用する方法があります。やり方は至って簡単。何人かでテレビを見ているとき、「これってどう思う?」「この人好き?」と、意見を求めるのです。番組の内容は何でもいい。それに対して「おもしろい」とか「嫌い」などの答えが返ってきたら「なぜ?」「どういうところが?」と尋ね、理由を説明してもらう。家族や友達同士で、お互いの考えを説明し合うわけです。

大事なのは、「嫌いだから嫌い」で終わらせないこと。「なぜ」を論理的に説明するよう、努めなければいけません。家族(友達)全員が嫌っているドラマの登場人物などがいたら、このパターンで悪口を言い合うのもいいでしょう。「こういうところが、こうこうだと思うから、嫌い」って、結構盛り上がります。(笑)

こういった会話の積み重ねは、話し方の上達につながると同時に、会話が減りがちな夫婦や親子のコミュニケーションを活発にもしますし、子どもの思考力を鍛えるうえでも、よい影響を与えます。私も、家で娘とお笑い番組を見ながら、「なぜこの人がおもしろいと思うの?」などと、話していますよ。(笑)

ただし、このとき気をつけなくてはならないのは、「説得力がない」「その考え方はまちがっている」などと、いちいち相手を批判しないことです。とりあえずは、意見を言い合い、その理由を説明するという、会話のキャッチボールだけを重視して、相手の気を削ぐような発言は控えてください。

ビジネスの場でのテクニック

ビジネスの場でも愚かな話し方をしている人を目にすることがあります。なかでも、もっともNGなのが、「私はイヤです」「それは好きじゃないので」など、情緒的な話し方をする人です。

こういう人は「それはどうして?」と聞かれても、感情から発した言葉なのできちんと理由を説明することができません。これでは仕事にならないし、仲間としてもやりづらい相手。困った存在です。

また、「どうせ私はバカですから」と、開き直っている人もいますが、これも愚かな話し方の代表です。男性が言ったらバカにされるだけですが、若い女性が言うと「かわいい」と思うバカな上司がいるせいか、安易に女を武器にした言葉を発してしまう人もいます。見る目のある上司なら、そんな態度を苦々しく思っているに違いありません。

とはいえ、〝知的な人〟〝できる人〟ばかりにウェイトを置き過ぎると〝愛嬌のない人〟〝生意気〟と思われ、反感を買う恐れがあります。

そこで、できる女の印象を与えつつも嫌われないための、ちょっとしたテクニックを伝授しましょう。

まずは、4部構成の論理的な話し方で説明した②のプロセスを忘れないことが基本です。そして、反論する場合でもやんわりとした口調を心がけることが大切。厳しい意見を言わざるをえないときは、冗談めかしてサラッと言ってみるのも手でしょう。また、「なるほど」「そうですね」など、肯定的な相づちを意識的に打つこと。相づちは「相手を受け入れている」という意思表示ですから、その後に反論したとしても「熟慮した結果の答えなのだ」と心証よく受け止めてもらえます。

さらに、話し方を超えるテクニックですが、相手を課長、部長などと役職で捉えず、ときには生身の一個人として接触してみること。たとえば、「課長、この前教えていただいたCD、すごくよかったですよ」「部長がおっしゃっていたレストラン、昨日行ってみました」など、他の誰でもない○○さんに対して話をするのです。言われたほうは、一瞬和らいだ気分になりますから、あなたに対しても、一個人として、向き合ってくれやすくなります。

反対に、自分が上司の立場でも同じ。こういったひとことは効果的です。「そういえば、○○さんとは同県でしたよね」「私も同じ英会話スクールに通っているんですよ」などのひとことは、共通の話題になりますから、ぐっと親近感がわきます。

また、殺風景になりがちなビジネスメールにも、文章の最後に「先日はお風邪とのことでしたが、大丈夫ですか」などのひとことを添えておくと、相手はホッとするもの。

こんなふうに、ビジネスの場ではちょっとだけ情緒的な話し方を取り入れることで、よりコミュニケーションがスムーズになります。

自分とは「作りあげるもの」

ひとつの出来事に対して自分の考えや立場を明確にすることも、常に心がけておきたい大切なポイントです。

そもそも世の中の大半のことはどちらでもいいこと、両方正解と言えることがほとんど。でも、一方に決めなければ事が前に進まないのも事実です。

たとえば『冬のソナタ』について、友人と話をするとします。このとき、好きか嫌いかと聞かれて「私はどっちでもいい」と答えてしまったら会話になりません。相手の意見に影響を受けて、途中で考えを変えるのは自由なのですから、とりあえず意見を決めることが大事。「選ぶ」ことをしなければ、会話のキャッチボールは生まれないのです。

最近の学生を見ていても、選べない、決められないのは、どちらかというと女性に多い特徴です。自分の考えを明確にしないで、相手に同意ばかりしている、単なるいい人が増えているような気がします。

これでは何も起こらないし、何も変えることはできません。おまけに、周りからは退屈な人と思われ、深い友達関係を築くこともできなくなってしまいます。なぜなら、選べない、決められないというのは、何も考えていないと言っているのと同じことだからです。

あらためて「話す」ということについて考えてみると、やはりいちばん大事なのは「言葉で相手を説得すること」ではないでしょうか。意見をぶつけ合い、自分の考えを相手に納得させるよう努めつつ、お互いの了解点を見つけだす。それには常に、「小さな議論を繰り返すこと」が大事です。その際、相手の意見をいったん受け止めるためにも、自分の意見に説得力を持たせるためにも、読書などでさまざまな価値観を知る、地道な努力を忘れてはいけません。

よく「自分探し」という言葉を耳にしますが、わざわざどこかへ旅立ったり、何かを始めたりしなくとも、身近なテーマの中から対立軸を見つけて、考える、議論をする、文章を書くなど、常に自分の立場を明確にしていくことを続けていけば、個性やアイデンティティといったものは必ず見えてきます。なぜなら、自分とは探すものではなく、作りあげていくものだから。

そして、しっかりとした自分を築くことができれば、人生もより豊かなものへと変わっていくのではないでしょうか。

言葉の乱れ

山口明穂

1

最近の言葉の乱れはと書き出すと、我ながら年をとったの思いになる。それにしても、驚くことは多い。スポーツ番組を見ていて、インタビューを受けた勝利チームの監督は「優勝をぼぼテチュウに収めて」と言っていた。ある朝、テレビのスイッチを入れてみると、「ここで事実をボウロすると」。画面は話題となる建物を映していたので、恐らく原稿を読んでいたのであろう。これには後日談があり、その話を仲間にしたら、「その誤り、最近よく聞く」と言った者があり、中の一人は「ボウロと読めただけいい」と言った。アクセントなども人によってまちまちになる。「あじさい」なども、「ジ」が高くなることもあり、「ジサイ」が高くなることもある。娘が学生時代の話で、「今日のゼミは」と「ミ」を高く発音するので、「お前たちの大学、変わったことをしているな。俺はゼミ（ゼが高い）はやるけど、ゼミ（ミが高い）なんかやったことがない」と言ったら、途端に「お父さんのやっているのはゼミ（ゼが高い）、私たちのやっているのはゼミ（ミが高い）」と言い返された。「ドラマ」などの語も、自分の感覚では「ド」が高いのに、「ラマ」を上げる発音をよく耳にする。アクセントが平らになるのは最近の傾向としてよく言われることで、その現れといえる。日本語ではアクセントの違いが誤解に結びつくことはないのでいいと認めるにしても、違うアクセントを言われると、心に衝撃は残る。客の一人が「事をギシュクして考えれば」と言い、今後、この人の前で、この語をどう発音したらいいのか、ふと考え込んでしまった。家に来て「会社のパソコンは漢字の変換が不十分だ」と怒った人がある。「そんなに難しい言葉なの」「だって、いくらやってもメンサイショが出ない」「メンサイって?」「明太子のメンに、詳細のサイ」。

漢字は一字が多くの読みを持ち、そこに漢字の利点と面白さがあると思うのであるが、最近は一字を一読みにしかしない向きがある。あたかも表音文字のようになる。「テチュウ」「ボウロ」「メンサイ」などはその現れである。家に来た葉書に「イタリアに帰て」とあったので、「この人、イタリアの人なのか」と言ったら、「これは「イタリアにキて」と読むので、最近の若者の言葉使いを知らない」と逆に注意された。これも漢字の表音文字化で、その極端な例である。また、漢字には音符となる部分が含まれることが多く、それをもとにした誤読もある。「ギシュク」はその例である。「獰猛」を「ねいもう」と読むのを聞くことがあるが、それは「寧」に引かれた誤読である。但し、誤読が慣用化すれば「慣用読み」であり、そうなると正しい読みである。「獰猛」は旧陸軍内では「ねいもう」と読んだという話を聞いたことがある。もし、そうならば陸軍内での慣用読みである。しかし、これを陸軍経験者に確かめたところ、「そういう読み方は全く聞いたことがない」と言下に否定された。確か、モールス信号の「ね」（－－・－）に「獰猛だろう」が当てられていたこともあったと思うが、今は「ねえ、そうだろう」となっているようであるから、モールス信号の「獰猛だろう」は私の誤解かも知れない。「輸出」「装幀」「洗滌」など慣用読みとして認められているのであるから、慣用読みと誤読との境界線はどこに引かれるのか。しかし、「てちゅう」「ぼうろ」「めんさいしょ」「ぎしゅく」などは慣用読みになって欲しくない。

このような事から、漢字は難しくて不便だという意見が出る。しかし、ここで示した諸例は果たして漢字が難しいからだけなのだろうか。昔、西鶴を研究していられた藤村作氏（一八七五〜一九五三）が旧制第五高等学校の生徒の頃に英語を教わったのは松山中学から転任して来た若い先生（時々、この先生は誰だったか分かるかいと学生に意地悪く質問することがある）であった。後の夏目漱石である。そして、その時の漱石の印象を藤村先生は次のように綴っていられる。

漱石氏は英文学専攻大学出として、相当の力を持つて居られる上に、文豪となられた人だけに、教室に於ける解釈には頗る表現の豊富なものがあつて、一々自國語に訳してくれることばが吾々にぴたりと来た。成程なと納得させられた。その後大学で、小泉八雲先生から英文学を教はつた際もこの印象をますます深くするのであつた。

（『ある国文学者の生涯』）

我々普通の人間に漱石の日本語力を要求するわけには行かないが、冒頭に掲げた幾つかの誤表現は、単に漢字の知識が足らないというだけではなく、それ以前に言葉の知識が不足しているのではないかと疑われて来る。

2

言葉のショックには、言葉の変化にこちらが追いつけない場合もある。「あなた」という言葉は、もともとは「あちら」を意味する語であり、直接、相手を指し示さず、失礼に当たらないということから、江戸時代に高い敬意を伴った二人称の代名詞として使われるようになった。しかし、我々の育った時代には、目上の人を指して使うことはなく、主に同輩を指す言葉となっていた。「あなたと呼べば、あなたと答える」の歌詞にもある通り、親愛の情をこめた言葉というのが我々世代の感覚であった。そして、ある時、二人称の代名詞は変化するという話の一環として「あなた」の話をしていたところ、女性の学生の一人から途端に異論が出た。「親しい友だち同士で「あなた」は使いません」。説明を聞くと、親しい友人の関係では、通常はファーストネームを用いており、もし、「あなた」と呼ばれたりすると疎外された感じがして面白くないということであった。正直いって、それまで、「あなた」が疎外感に結び付く言葉になっているなど気づきもしなかったが、言われてみると、そういう事実もあるように思え、その事情を考えると、ファーストネームであれば言葉はその相手と密着し、それだけ親しい呼び方となるが「あなた」では遠くなり、更に、日常的でないことから、改まった感じを伴い、疎外感に結びつくようになったのであろう。「あなた」は何時の間にか変わっていたと実感した。

変わった言い方と意識した言葉に「お早う」がある。もう数年前のこと、スクールバスに乗っていたら、乗り込んで来る学生同士、昼過ぎにもかかわらず盛んに「お早う」と挨拶を取り交わしている。それが、現在では、夕方の構内でも「お早う」を聞くことが多い。その度に、不思議な気持ちになっていたが、一度、一人の学生にどういう感覚で使うのかを聞いてみたら、時間に関係なく、その日最初に会ったという気持ちで使うということであった。自分自身は、まだ、そのような場面で言われたことがないから、若い人同士が親しさを表す最適の挨拶ということなのであろう。こちらとしたら、「やあ」でも「よう」でもいいように思うが、「お早う」であったことには、それなりの必然があったのであろう。しかし、私から見れば、異様な感じは今もって拭えない。

店で買い物をする。最近は、レジで「一万円からお預かりします」と言われても驚かなくなった。しかし、ある時、五三五円と請求されて、きっちりその額を渡したところ、「丁度からお預かりします」と言われた時にはびっくりした。ここまで来たかの思いである。客との金銭のトラブルを防ぐためのマニュアルにあるのであろうが、「から」本来の用法に合ったものでないので、この種の「から」を言われたこちらは、馴れるまではその度に驚いていた。「的」という言葉があって、「科学的な判断」などはよく使い、「距離的に近い」なども認められる範囲であった。かなり以前の話で、自動車会社の人から「燃費的にお得です」と言われた時には変わった「的」だと思っていたが、最近の学生には「私的には…」「君的には…」などがあり、更には「先生的にはどうですか」とまで広がってしまった。かつて、旅したパリやジュネーブの町では、街角で栗を焼いて売っていた。日本の甘栗とは違う、もっと粒の大きめの栗で、それがなかなか美味しいのだと説明したら、それを聞いた一人が「栗的に違うわけね」と納得した顔をした。

3

言葉の変化は時代の要求に応じて起こる場合が多い。「あなた」「から」「お早う」「的」など、ここに挙げたような言い方がされるのは、それぞれ、それなりの理由があったからであろう。だから、若い世代は言葉を知らない、或いは、最近の言葉の乱れはなどと言っているのではなく、何が原因でそうなったのかを考える方が大事なのではないか。

十年ほど前からの現象であるが、大学の演習などで、発表者が要旨に辞書の解説を無批判に引用することが多くなって来た。それでも引かないよりはいいではないかと言われるかも知れないが、昔は辞書は参照するものではあっても、依拠するものではなかった。それは小学生時代からそうであって、言葉は実際に使われた例を通して考えるべきで、辞書は引くなとまで教えられた。そして、言葉を増やすためには本を読めと言われた。そのようにして得た言葉があれば、「てちゅう」「ぼうろ」「ぎしゅく」「めんさい」などは無かったのではないか。

4

言葉の変化は異なる体系の言葉との接触ででも起こり得る。日本語は幕末・明治以降、欧文脈を取り入れて来た。「時間が私たちの間を良好のものにした」「善意が酬われた」などは、欧文の影響でできた表現である。それはそれでいい影響だったと思うが、学問、殊に日本語学の面では決していい影響ばかりではなかった。例えば、助詞の「が」は主格であるという固定観念ができたことは不幸だったと思う。「花が咲いた」と「君が好きだ」とでは、前者が主格なら後者は対象格であるという議論が出たのも、「が」を主格とする誤った観念からである。大槻文彦（一八四七〜一九二八）『語法指南』（一八八九年刊）の中で「が」を「上ニハ名詞ヲ承ケテ、下ニハ動作ニ係リ、其動作ヲ起ス所ノ名詞ヲ、特ニ挙ゲ示ス意ノモノナリ」と「主格」を用いずに説明している。これは、後の『広日本文典』（一八九七年刊）でも同じであり、更に、『広日本文典別記』では主格としなかった理由は「此ニイフ「が、」の」ヲ羅甸ニ所謂Nominative case（主格）ナリト確言スルハ、恰当ナラズ。若シ、彼ノ主格ニ相当スベキモノヲ求メバ、「鳥、鳴く。」花、落つ。」ナド、弖爾葉ナクテ用ヰル「鳥、」花」ノ位置、是レナラム。コレニ、「が、」又ハ、「の、」ヲ加ヘテ、「鳥が鳴く、」花の落つ。」トイヘバ、「が、」の」ヲ加ヘタル程ノ意味ハ、随テ、別ニ起ルナリ」と、「が」には「主格」以外の意味が加わるからであるとしている。主格以外の解釈は大槻氏以前に、江戸時代の富士谷成章（一七三八〜七九）にもあったもので、成章の場合は難解であったからやむを得ないとして、大槻氏の提案についてこれまで議論された形跡がない。そして、西欧語の主格論に圧倒され、現在まで随分の回り道をしてしまったと思う。「が」を主格と考え、それでよしとしていたのでは、次の文の「が」

のニュアンスなど理解できないであろう。拙著『日本語を考える』（東京大学出版会、二〇〇〇年刊）で主張したかった一点である。

「あんたが引き受けんとありゃ、やむを得ない。年をとったって、なあに、このくらいの手術はなんでもない。わしがやりますよ。わたしが自分でやりますよ。」

のしかゝるように院長がいった。そういったら「では、わたくしがやります。」と、のっぴきならない答えを、彼は期待しているもののように。

（山本有三『女の一生』）

また、更に進んで、同書では、

そりゃあ稼げば金が蓄るが、金を蓄めるやうな心ぢゃあ駄目だ

（三遊亭圓朝『塩原多助一代記』）

の「金が蓄る」「金を蓄める」の使い分けが説明できる理論も模索した。日本語の文章を正しく読み取りたい。そして、正しく日本を理解したい。それが日本語を考える本意である。

若者ことばを考える

米川明彦

若者ことばの特徴

「若者ことば」とは、中学生から三十歳前後の男女が仲間内で、会話促進・娯楽・連帯・イメージ伝達・隠蔽《いんぺい》・緩《かん》衝《しょう》・浄化などのために使う、規範からの自由と遊びを特徴に持つ特有の語や言い回しである。個々の語について個人の使用・言語意識にかなり差がある。また、時代によっても違う。「若者語」とも言う。

この定義から、若者ことばに三つの特徴を指摘できる。

第一に、仲間内の狭いことば、気楽に話せるウチのことばということ。ヨソ者と話せば楽ではなく、疲れるので積極的に交わろうとしない。そこでは若者ことばは使われない。

第二に、会話の娯楽や促進のために使うということ。これは若者がその場その場を楽しく過ごそうとする会話の「ノリ」のために使用していることを意味する。楽しければなんでもいいというわけである。ことばが情報伝達より

も、娯楽の手段になっている。

第三に、ことばの規範からの自由と遊びということ。これは個人の自由をもっとも先鋭的に主張する若者は、服装・考え方・行動・持ち物のほか、ことばも従来の規範から自由に、悪く言えば勝手に新たな語を造り、新たな意味・用法で使用して楽しんでいる。

このように、若者は「らく」「たのしい」すなわち、漢字で書けば「楽」が根底にあると言える。

若者ことばの心理的・社会的背景

若者ことばは青年期心理から言えば、いつの時代にも存在するが、社会的背景から言えば、時代によって質が異なる。

青年期心理から若者ことばが生まれる理由を考えると、三つある。

第一に、著しい身体的発達と変化によって他人の目が気になり、どう評価されているのか敏感になるため、体に関することば、見た目に関することばが若者ことばになって現れる。

第二に、青年期は自己を発見するアイデンティティ探求の時代のため、人と比較し、劣等感や優越感を持ちやすくなり、若者ことばに人を批判的に言う評価語が多くなる。

第三に、自我が芽生えるにつれて自己主張が強くなり、拘束を嫌い、自由を求めて反抗するようになる。行動規範からの自由ばかりでなく、ことばの規範からの自由も求めて、新語・新用法の若者ことばを次々に造り出していく。

若者ことばは右の青年期心理ゆえに、いつの時代にも存在するが、次に述べる社会的背景の違いにより、質が異なる。特に現代の若者ことばは一九七〇年代以降のことばであり、次の三つの背景から生まれたものである。

第一に、「まじめ」が崩壊したこと。一九七〇年代前半まで続いた高度経済成長期の日本社会は「まじめ」を価値基準としていた。しかし、オイルショックによって経済成長は終わり、七〇年代後半から物質的に豊かになったことで目標を喪失し、一転して豊かさを享受する消費・娯楽社会へと変化した。このような中で、若者は消費・娯楽の手段としてことばを遊ぶようになり、以前にまして会話を楽しむために、より多くの若者ことばを生み出すようになった。

第二に、ボーダーレス社会となり、価値観が多様化したことである。「価値観が多様化した」とは聞こえがいいが、実際は価値観が個人化したまでで、簡単に言えば、自分がよければ「なんでもあり」という自己中心主義まる出しの社会になった。そこには個人の「楽」が価値基準としてある。

第三に、おしゃべり社会の出現である。テレビ番組が近年バラエティ番組、トーク番組ばかりで、おしゃべり番組となっている。最近さらにケータイが若者必需品になり、常に話し、メールを送り、その場その場を楽しく過ごそうとしている。

このような自己中心主義社会、「楽」社会の中で、現代若者ことばが生まれた。

「はじける」「壊れる」「引く」の転義

次に具体的な例を挙げて考えてみたい。右に挙げた語は若者ことばでは転義して使われている。

まず、「はじける」は本来、物が内側からふくれて裂ける、割れる意であるが、若者ことばでは、人に用いて、自己の中にある基準の枠から行動や感情が飛び出している意で使う。たとえば「飲み会で思いっきりはじけてる」。この「はじける」は物から人に用法が変化している。言い換えれば、人を物にたとえて表現している。ここに新たな用法と意外なおもしろさが見出される。しかも物のはじける視覚的なさまを利用して、人の「はじける」さまをイメージ伝達した、まさに漫画的表現である。さらに規範・拘束を嫌い、「枠」を飛び出そうとする若者のエネルギーをうまく表している。

次に、「壊れる」は本来、物の形が崩れる、砕ける、破損する意で、機能がだめになる、約束や計画などが不成立になるなどの意である。一方、若者ことばでは、物ではなく人の行為・ことばが普段と違って、おかしくなる、訳が分からない状態になる意。特に疲労などのピーク時の状態を指したり、疲れから解放される飲み会で盛り上がってはめをはずすさまを表したり、正常でないさまを言う。たとえば「何やってるの」「パンダのでんぐり返り」「ああ壊れてる！」のように使う。この「壊れる」は「はじける」同様、枠や規範を破ることを言うが、「壊れる」は「はじける」以上に限度を越えたときに使う。ここには他人の目を気にしない、楽しければ「なんでもあり」の自己中心主義も見える。

　最後に、「引く」は本来、自分のほうに近づける意を基本にさまざまな意味を持つ。その中の「身を引く」から転じて、若者ことば「引く」が生まれた。この「引く」は人の言動や物を見聞きして、その対象に対して心理的に（物理的にも）距離を置くことを意味し、拒否・拒絶のマイナス感情である。たとえば「寒いギャグ連発で引くなあ」「鼻と口にピアスするやつ見ると引くなあ」と使う。このような「引く」はただ「気持ち悪い」「嫌だ」と言うより、「身を引く」を連想させるところから、一層嫌な感情が伝わる。

しかし、若者は「引く」を常に心底から気持ち悪い、嫌だ、と思って言っているとは限らない。ちょっとしたことでも冗談でも使う。言い換えれば「ノリ」で使っている。また「引く」をすぐ使うのは他者と関わりたくない、気楽な相手とばかり話していたい若者の心理を表している。

コミュニケーションの問題点

　コミュニケーションとは、他者を理解し、他者からも理解されようとするプロセスであり、それはひとことで言えば「通じ合う」プロセスである、と私は考える。「通じ合う」ためには相手を理解し、相手からも理解されようとする心と努力が必要である。ところが、若者は「楽」社会の自己中心主義にどっぷり浸《つ》かっているため、他者を思う心が欠如し、面倒な努力を嫌う傾向にある。また、関わり合うことを嫌う。この点から、先の三語のように、若者ことばは「通じ合う」ためのことばではなく、自己満足のためのことばと言える。

　また、自己中心主義は「聞く」ことを嫌う。「聞く」は単なる受動的、聴覚的受信行為ではなく、能動的理解・解釈行為であり、自己を高める行為でもある。ここ二十年、授業中に私語が止《や》まないのは「聞く」ことを忘れた、「通じ合う」ことを拒否した自己中心主義社会の出現と密接に関わっていると考える。

来年度から新学習指導要領が完全実施されるが、国語科学習では「伝え合う力を高める」という新しい目標が加えられる。若者ことばを考察するとき、「伝え合う」という言語運用よりも、言語意識と対人意識を含んだ「通じ合う」のほうが、より根本的であり、重要と考える。

不正確な発音

気付くと正確な発音をせず、別の言葉になっていることがある。上が本来の言葉で、下が不正確な例。

ブッシツ＝物質／ブシツ＝部室
ゲンイン＝原因／ゲーイン＝鯨飲
ゼンイン＝全員／ゼーイン＝税印
キシュツ＝既出／キシツ＝気質
シュジュツ＝手術／シジツ＝史実
シンジュク＝新宿／シンジク＝新軸

ＮＨＫでは、宿題・下宿・野宿・学習塾などの「シュ」「ジュ」を「シ」「ジ」に近く発音してもよいことになっているというから、寛大なものだ。

また、「十本」などの場合も、常用漢字表では「じゅう」「じっ」しか認めていないが、ＮＨＫでは「じっぽん」「じゅっぽん」の両様を認めている。

だが、「女王」は「じょおう」しか認めていない。国語辞典でも「じょうおう」の見出しがあるものは少ない。二・二六事件や五・一五事件も「ににろく事件」「ごいちご事件」が見出しなのである。

ところで、「三角形」は「さんかっけい」と言うのが普通だが、「的確」はどうか。「てきかく」だけでなく「てっかく」という人もいるらしい。ほとんどの国語辞典では「てっかく」の空見出しを立てているぐらいである。

それから、「頬」は、「ほお」が本来の言い方だけれど「ほほ」とも言う（旧仮名遣いは「ほほ」）。「ほおずり・ほおづえ・ほおばる・ほおひげ・ほおべに・ほおぼね」などに対し「ほほえむ」があるものの、その語源は不明なのだそうだ。

（境）

口に関する二つのこと

中野　翠

ある日の日記から——。

×月×日　朝、フッと目が醒《さ》める。枕元のラジオのスイッチを入れ、民放某局のニュースショーを聴く。番組進行役は、ざっくばらんな人柄が好もしく、私の気に入りの番組なのだけれど……「ら抜き」である。「見れる」「着れる」という言い方をする。元アナウンサーなのに。耳にするたび、私は軽く、ほんとうに軽くだけれどガッカリしてしまう。

私の生活実感では、「ら抜き」言葉愛用者は国民の八割あるいは九割に達している。完全に定着している。今さらどうあがいてもこの流れは変えられない。そのことはよくわかっているのだけれど、私はいつまでたってもなじめない。

「ら」というのは明朗な美しいサウンドじゃあないのか？「ら」一字ケチっていったい何がうれしいんだろう？　六、七年前、ある女性ミュージシャンの自作の詞に「信じれない」とあったのを知った時、贔屓《ひいき》の男性ミュージシャンが紅白歌合戦に初出場が決まって「紅白に出れるなんて」と

言ったのを耳にした時のショックを思い出す。

昼間、雑誌の対談の仕事で作家のKさんに会う。私が何気なく「地方では……」と言うと、Kさんは「最近は地方をそんなふうに尻上がりというか平らに発音する人が多いんだよね」と言う。ギクリ。確かに私は「地方」という言葉を妙なイントネーションで発音していた。田舎という意味で「地方」という言葉を使う時は、関東地方とか九州地方と言う時とは違って、語尾をあげて発音していた。自分では気づかずに、近頃のヘンなハヤリに染まっていた。

恥ずかしい。たまらなく恥ずかしい。自分でもちょっと不思議に思う。ことばづかいのおかしさを指摘された時の、この、深い恥ずかしさっていったい何なんだろう。食べ方が見苦しいと言われるのと同じ種類の恥ずかしさだ。口に関する二つのこと――食べることと話すことは、何だか、その人間の品性の根本にかかわることのように感じられる。

ついでに思い出したが、木村拓哉などが「暑くない?」「こわくない?」と言う時の発音もヘンだ。「暑く」「こわく」の部分をフラットに言う。もっか、はやっているようだ。

映画の試写会に行く。配給会社の人に「中野さん好みのおバカな映画ですよ」と言われ、げんなりする。私は確かにしみじみとした文芸映画やお涙頂戴《ちょうだい》のヒューマニズム映画より喜劇志向の映画のほうが好きだが、「B級」「パロディ」「おバカ映画」などと謳《うた》った映画の大半はやっぱりろくなものじゃないとも思っているのだ。いつの時代にも若い人たちにはありがちなことだけれど、箸《はし》にも棒にもかからないような安っぽい駄作を「B級」「パロディ」「おバカ映画」などと言って妙にありがたがるのは、卑しいことだ……と頭の中に百行分ほどの反論が浮かんだけれど、面倒くさいので、口にはせず。へらへらと笑ってごまかす。

帰宅してTVのニュースを見る。中学校の先生が女の子を買っていたという事件。NHKでもカイシュンと言っていたのでムッとする。二年ほど前だったと思う。「買春」をカイシュンと読ませる動きが出て来た。おもにリベラル系の国会議員が中心になって働きかけていた。「売春」と「買春」を区別しやすくするためだろうが、「女は弱者なのだ。売るほうより買うほうが断然悪いのだ」という考えが濃厚に投影されている。イデオロギー臭の強い読ませ方だと思う。そういうイデオロギーを持つのは勝手だが、政治権力を盾《たて》にとって勝手に日本語をいじくり回されちゃあたまらない。それをまた、すんなりと受け入れ、認知してしまったNHKにも腹が立つ。

私は子どもの頃から「お笑い」系の番組が好きだったのだが、今やほとんど見ないようになった。何がイヤって、あの醜悪なインチキ大阪弁(吉本弁と言ったほうが適切か)に耐えられない。私が最も嫌悪している言葉……ああ、ここに書くのもイヤだが、「エッチする」という言葉も吉本の芸人たちがはやらせたようなものだ。何と安っぽい言葉なんだろう。私は島田紳助が贔屓で、『キスイヤ』は見逃さないようにしているけれど、この「エッチする」という言葉が出て来るたび、私の顔は苦しげに歪《ゆが》んでしまうのだ……。

などと頭の中で悪態をつきながら、NHK教育にチャンネルを切り替える。しかし、ここもやっぱり安息の地ではなかった。手芸講座だったが、その講師役が「――してあげる」構文を連発するのだ。「ここをちょっと折ってあげて」とか「紙をしめらせてあげて」とか、物に対して「あげる」という言葉を使う。スポーツやダンスのインストラクターは「ヒザをゆるめてあげて」とか「肩の力をぬいてあげて」というふうに自分の体に対しても「あげる」という言葉を使う。ヘンな流行。

どうやら一種の敬語表現(丁寧語)として愛用されているフシがある。演歌歌手が何でもかんでも「――させていただく」と言うのと同じような気がする。

「やり場のない怒り」に疲れて、ベッドに倒れ込む。枕元のCDラジカセのスイッチを入れ、古今亭志ん朝の『雛《ひな》つば』を聴く。昔の庶民の話し言葉のすがすがしさ。実際には昔も今も醜く貧しい日本語が幅をきかせていたのだろうが。落語という形で、その最良部分が記録されているのはありがたい。ようやく安眠。

若者言葉の何が問題なのか

篠田信司

まずは若者たちの次の会話をご覧ください（仲の良い中学生同士の会話）。

「昨日さあ、家の人がみんな出かけちゃったからさ……」

「ウソ」

「一人でテレビ見ていたんだよな」

「ウソ」

「そしたらタモリがさあ」

「ウソ」

「サッチャンておばさんとしゃべってんだよ」

「ウソ」

「サッチャンていう人、すげえいばってんの」

「ホントー」


もうひとつ、こんなのはいかがでしょう（遅刻を繰り返す生徒と教師の会話）。


「最近、遅刻が目立つが、どうしたんだ？」

「ベツニ……」

「何か事情があるなら話してみなさい」

「ベツニ……」

「体の調子でも悪いのか？」

「ベツニ……」

「友だちと遊び歩いていて、朝起きられないんじゃないか？」

「ベツニ……、カンケーネーヨ……」

「何か言ったらどうなんだ！」

「ベツニ……」

最初のほうの「ウソ」「ホント」は若者の会話のなかで非常によく出てきます。おわかりのように、この場合の「ウソ」というのは相手の言葉を否定しているのではなくて、ただ相槌を打っているだけなんですね。相手の話をまじめに聞いていますよというときに、「ええ」とか「うん」「ああ」とか受け答えする代わりに、若者たちの間では、この言葉がよく使われます。「ウソ」という、一応否定の形になっていますから、話し手はますます調子に乗ってしゃべるわけです。

これが、まじめに「ウソ」という言葉をとらえたとしたら、「おれの言っていることが何でうそなんだ」といって喧嘩になるところですね。しかし、若者の間では、この「ウソ」はほとんど意味のない相槌の言葉なんです。

もうひとつの「ベツニ……」も、私ども教師として非常に困る言葉です。中学校の教師はしばしばこういう言葉の前で立往生してしまうわけですね。この後、教師はどう続けたらいいんでしょう。こういうときに、若い教師はいわば〝切れた〟状態になって、手を上げたりしてしまう。体罰の起こるのはこんなときなんです。だから、私も若い教師には、「ベツニ」が出てきたら、もう話を変えろと。これは関係拒否の言葉なんだから、と言っています。

これは家庭でも同じことで、親と子の会話の中に、「ベツニ」が出てきたら、もうその問題は追求してもだめなんですね。いったん話を切るか、全く話を変えてしまうかでもするしかない。現在の若者たちの「言葉」と「心」の、これはほんの一端です。

「マジ」をまじめに考える

さて、ではこうした若者たちの言葉の、いったい何が問題なのでしょう。

言葉遣いから見た若者たちの心理と行動ということで、最初に取り上げたいのは、「マジ」という言葉です。これは本来、「まじめ」という意味ですけれども、このまじめという言葉が、私たちと若者たちの間では、非常に大きく変化してしまっている。いわば「美徳の転換」といったことが起きているわけです。

まじめであることはよいことだ、まじめであれ、これは私たち大人が子どもに望むことですね。まじめであることは美徳だ、これは私たちの価値観です。

ところが、いつの間にか、若者の間ではまじめであることとは決して美徳ではなくなってしまっている。「あいつはマジだ」と言われることは、褒められたことでは決してなくて、むしろ蔑まれ、軽蔑される言葉なんですね。この価値観の大転換がどうして起きてしまったのかについては、おもしろい本があります。

千石保さんが書いている『まじめの崩壊』という本で、「平成日本の若者たち」という副題がついています。若者たちの価値観の転換を、ここでは『まじめの崩壊』ということで書いていますが、そのほかのさまざまな現象もかなりよく書かれている本です。

「まじめ」は表に出したくない

いま、小学校、中学校も含めてですけれども、勉強ができて、まじめで、正義感があって……と、そういう子どもたちはちっとも尊敬されていません。そういう子はリーダーにもなれません。いま子どもたちの間で人気があるのは、冗談のうまい子、ユーモアのある子、明るい子なんです。

そのあたりを調査したものがありまして、一九九〇年の中学生を対象にした調査では、クラスで一番人気があるのは、ユーモアのある人で、六二％くらいです。次に人気があるのが、思いやりのある人、次がスポーツのできる人なんです。

勉強ができる人は五・二％、正義感の強い人に至っては三・五％、これが子どもたちの意識、価値観の実態なんですね。

ですから、私たち大人は、まじめであること、正義感が強い子を求めますけれども、子どもたちの世界ではとっくにそれが変わってしまっている。これは子どもたちの文化そのものが変わってきているという背景を抜きにして考えるわけにはいきません。

その変化を、千石保さんはこういうふうに説明しています。

一九六〇年代、つまり我が国が高度経済成長を遂げつつあるときに、子どもたちの間で人気のあったマンガは『巨人の星』だった。星飛雄馬がものすごい努力を重ねながら、エースにのし上がっていく、いわゆる〝スポ根〟、スポーツ根性物語ですね。

ところが、一九七七年ごろから、このスポ根ものがばったり人気がなくなった。それにかわって、ものすごい勢いで伸びてきたのが『キン肉マン』というマンガだそうです。キン肉マンというのは非常に弱いプロレスラーの話です。プロレスラーで筋肉隆々としているんですが、試合に出ると臆病で弱いんだそうです。表向きは友情とか正義とか勇気を唱えながら、実際には逃げ回っている人物だそうです。

このキン肉マンが載った『少年ジャンプ』が最高五百万部まで売れた。五百万部売れたということは、そのキン肉マンの影響ですけれども、この中でまじめは変質したというのが千石さんの考え方です。〝まじめ〟という言葉は〝マジ〟という片仮名の言葉になって、そして価値観がひっくり返ったということです。

そのあたりをこんなふうに言っています。「キン肉マンはお題目として〝まじめ〟を唱えはするものの、本音のところではまじめを笑い、まじめを〝マジ〟と蔑むメッセージを送っていた。まじめを唱えながら、敵から逃げ回っている姿は、なかなかしゃれたユーモアとは言えまいか。まじめをコケにし、まじめを〝マジ〟と呼ぶ風潮がキン肉マンの出現とともにクラスに広がり、おもしろい子、ユーモアのある子がクラスの人気者となったのだ」——と。

では、そんな風潮のなかで、彼らは本当に不まじめなのかといいますと、実はそうでもないんです。かなり個人的にはまじめなんですね。それを仲間の前で見せることが嫌なんです。

ですから、オリンピックに登場してくるあの日本の若きエースたちも、表向きはあまりまじめに練習しているように見せないし、気楽にやっているように見えます。裏では、猛烈な練習をやっぱりまじめにやっているんですね。それを表向きにすることがダサイんです。そういうものは表向きにする問題ではない、自分が、個人が耐える問題だというふうにきちんとやっています。

本当に不まじめだったら、オリンピックで日の丸は揚がらないでしょうし、ああいう成績はあげられないはずですね。必ずまじめに努力している部分があるし、いまの中学生にもその姿はあるんです。本音のところでは、やっぱりまじめであることは彼らの価値観の中できちんとある。ただ、仲間内でそれを見せないというところが、いまの子どもたちの一つの屈折したところですね。

そこのところを私たちはわかった上で、「やっぱりまじめは大事だ」というメッセージを送り続けていかなければならないと思っているわけです。

単純ではない「ムカツク」の用法

次は「ムカツク」です。最近の事件報道などでもっとも注目されている言葉ですが、そのムカツクという言葉をどんなふうに彼らは使っているのでしょう。武蔵野市で出している『まなこ』という冊子に載っている実例から見てみましょうか。

「おやじ、むかつくよ。いきなりアウトドアとか言い出してよ、くだらない川原かなんかでさ、魚なんかつれやしないし、蚊はいるし、石で足切るし、さんざんだったよ」

「いいじゃねーか、うちの親父なんか休みっていっても、ごろごろ寝ているだけだぜ、そのほうがむかつくよ」（小六）

「むかつくー。暑いっていうのに今日は市民プール休みだってよ」

「うそだろ、休んでんじゃねーよ。むかつくなー」（中一）
「勉強、勉強ってうるさいんだよ、人の顔見ればすぐ勉強やったか、勉強したのかって、かあちゃん、むかつくよ」
「おれんちもだよ。成績下がったら、遊ぶなって、むかつくよ、まったく」

こんな調子ですね。子どもたちのムカツク原因というのは、いろんなところにあるようですが、しかし、この〝ムカツク〟という言葉も非常に気になる若者言葉の一つです。

この言葉を使うことによって、ますますムカついてくるという、言葉が心を一層かき立てるみたいなところがありまして、中学校で先生と生徒がもめるときには、この言葉がキーワードになるんです。「ムカツクとは何だ」というような反応をどうしてもしたくなるんです。

ただ、この例を見ていて、たとえばアウトドアの話など、一応、言葉では「くだらない川原かなんかでさ、魚なんかつれやしないし、さんざんだったよ」と言いながら、心の中ではやっぱりおもしろかったのではないのかなという気もしないでもないんです。だから、その辺を相手の子は敏感に感じて、「いいじゃねーか、うちの親父なんかごろごろ寝ているだけだぜ」と応じている。

こんな会話を聞いていると、表向きの意味合いとはまた違った若者の気持ちがふと感じられるんですね。そんなふうにも見たい言葉です。

意見を曖昧にぼかす言葉

次に、「〜ていうかあ」「〜って感じ」、この表現も非常に多いんです。若者たちの間の、特に女の子の会話を聞いていると、これが非常に出てきます。

たとえば、こんなふうになります。二人の女の子の会話です。

「ミカ、キムタクって嫌い？」
「ううん。嫌いっていうか、あんまり好きくないって感じ」

「どうして？　カッコいいじゃん」

「うん、カッコいいけどさ。ああいう〝いい男系〟って、何となく苦手って感じ」

「ふーん」

なんて言っているんですね。

このミカという聞かれた子は、キムタクは本当はあまり好きではないんです。好きじゃないけれども、「ミカ、キムタク、嫌い？」って聞かれると、あるいは「好き？」とストレートに聞かれると、「うん、好きだよ」とか「うん、嫌い」というふうにはっきり言えない。むしろ、はっきり言わないんです。

それを何となく曖昧にぼかしていくんです。

なぜ、ぼかすかというと、いろいろな理由があると思うんですが、一つは、彼らにとって、仲間の中で自分の考え方を鮮明に出すということは、ちょっとやばいことなんですね。

あまり意見をはっきり言うと、「あの子、ちょっときついね」というふうになる。ですから、自分の意見をはっきり言うことはちょっと避ける。

あるいは、問題によっては彼らが判断できないということもあるんですが、そういう場合にはぼかします。それから、その場の雰囲気をはかっているという日和見主義もあります。

「個性重視」と逆の風潮が……

つまり、仲間うちで自分がどういう立場に立つかということはすごく大事なので、そのことが行動を決めていくんですね。

だから、あまりはっきり意見を言ってしまうと、引っ込みがつかなくなったり、あるいは「あの子、きつい」ということになると仲間外れの対象になりますから、全体としてぼけた状態で話をしていく方が無難なんですね。どうもそういう傾向があるらしい。

実は、いま、教育界では個性重視の原則が言われ、個性を大事にしようと言っています。

そう言っている割には、若者たちは個性を出したがらない。むしろ、出すと危ないといった雰囲気がある。

そこで、学校でどういうことが起きるかというと、特に海外での生活が長くて日本に帰ってきたお子さんなんかがしばしば摩擦を起こすんです。たとえば、アメリカあたりから帰ってきた子は、自分の意見をはっきり言うということを小さいころからしつけられていますから、当然、日本に来てもやるわけです。そうすると、日本の生徒の間では「あの子、きついね」ということになってしまう。それで、その要領を覚えると、だんだんものを言わなくなってくる。

これは私たちは教育上の課題だと思っていまして、もっと自分の意見をはっきり言っていいんだということを指導しようとしていますけれども、雰囲気としてはどうも全体の中で突出することは危ないといった感覚が若者たちの間にはあるようです。

「チョー」を用いる言葉の貧しさ

次に、「チョー」とか「メチャ」。これは言葉を強める言葉です。

チョーは本来は「超人的」とかいうような場合の〝超〟が当たるわけですけれども、いまや、若者たちが使う〝チョー〟は〝超〟を離れて、一つの記号です。何にでも〝チョー〟がつきます。

本来、〝超人的〟などと言うときの「人間技を超えている」といった特殊な場合に使うのではなく、もっと日常的に「チョー腹へった」とか「チョーうまい」とか言っているんです。

要するに、あることを少し強調して言う、あるいはちょっとインパクトを強めるという意味で使われるんですが、その背景には、私は若者たちの語意の貧困さがあるのではないかと思っています。「チョーうまかった」と言うときに、どのようにうまかったかという中身を本来は言うべきですけれども、彼らにとっておいしいものは「チョーうまい」、これで終わってしまうわけです。そのうまさの中身は全然伝わってきませんが、彼らの間ではそれで十分意味が通じているんです。その語意の乏しさというあたりは、やはり教育の問題だなというふうに感じているんです。

「半疑問」の語法はどうなる？

それから、最近気になっていることで、これはもしかしたら日本語が大きく変わっていくかもしれない、そんな気がする言葉が二つほどあります。

一つは、アクセントが変わってきました。日本語のアクセントは、大体、頭が高くて下がるというのが普通なんです。「びじん」（美人）は**ビ**ジンと呼びます。「ドラマ」は**ド**ラマです。「彼氏」は**カ**レシですね。

ところが、いまの若者たちは、これをどう言うか。「**び**じん」とは言わないんです。「びじん」と言います。「**ド**ラマ」は「ドラマ」と言います。「**カ**レシ」は「カレシ」といいます。

要するに、頭にインパクトがあるというのが日本語の特色だったわけですが、それがどんどん平板化してきているんですね。これがどんどん広がっていくと、従来から日本語の特色だと言われていた、頭が高い言い方が特色でなくなってくる可能性がでてきたわけです。

それから、もう一つ気になるのは、半クエスチョン（半疑問）の語法。

疑問の言葉を言うときには、言葉の最後のイントネーションは上がります。たとえばものを聞くときに、「この本はだれのですか？」と〝か〟が上がりますね。それが疑問の言い方です。

ところが、全然疑問がないのに、言葉をどんどん上げるということを最近若者が始めたし、いまや若者から大人の世界へ、これは急速に広がっています。たとえばこんなふうです。

「きのうの巨人・阪神戦？　見た？」
「うん、見たよ」
「巨人の斉藤？　のスライダー？　すごくいいところに決まっていたよね。阪神の新庄？　三打席三振だったものね」

「きのうの巨人・阪神戦、見た？」という中で、通常の疑問のイントネーションは「見た」だけです。「巨人・阪神戦？」でクエスチョンにする必要は全然ない。これは疑問でも何でもないわけです。

「巨人の斉藤？　のスライダー？」なんて上げる必要も全然ないんですが、こんな言葉が非常にはやっている。

私は、いま、第二十一期国語審議会の委員なんですが、その総会で真っ先に取り上げられたのがこの半クエスチョンの問題、それから発音の平板化の問題なんですね。これは日本語全体が大きく変わっていくきっかけになるのではないかということで、大変気になるといった発言が相次ぎました。

しかし、気になるとは言っていても、どんどん変わるものは変わっていくのでして、その辺については、たとえばつい最近出た岩波新書の『日本語ウォッチング』という本で井上史雄《ふみお》さんという、やはり国語審議会で私もご一緒に仕事をしている方（明海大学教授）が、最近の言葉の変化を非常に古い時代から説きおこして、学問的にきちんと整理して書いておられます。

その井上さんに言わせれば、言葉というのは、いい・悪いの問題ではなくて、時代とともに変化するんだということになるわけです。その変化をどう見るか、あるいはどう評価するかは、そのときどきの社会の情勢であって、しかし千年、二千年という長い単位でこれを考えたら、当然の日本語の変化として考えられるのではないか、こういった意味のことを言っておられます。

そういう意味で言うなら、若者言葉を中心にした言葉の変化をあまり目くじら立てなくてもいいのかなと思いながら、しかし、さっき言った「マジ」とか「ムカツク」とか、こういう言葉はただ言葉だけの問題ではなくて、その背後にある気持ちの問題が非常に危険だということで、私はこの辺は教育の中で何とかしていかなくてはいけないと考えているわけです。

奇妙な「させていただく」

言葉遣いの乱れで真っ先に取り上げられるのは常に若者言葉ですけれども、もう一つ、最近、よく指摘されることに敬語の問題があります。「敬語が乱れている」という言い方がよくされますね。

これについては、昨年の六月半ばごろ、NHKの「クローズアップ現代」がこの問題を取り上げました。私も最後の方でしゃべらせてもらっているんですが、ひとくちに敬語の乱れといっても内容にはさまざまなものがあります。

例えば、みなさんは次の言葉に〃お〃をつけて言いますか?

「弁当　天気　皿　ビール　ソース　紅茶　酢　薬」

これは文化庁で意識調査をやっているんですが、最近は全部に〃お〃をつける人がふえているんです。

つまり、〃お〃というのは尊敬の意味をあらわす、あるいは丁寧な意味をあらわす言葉、接頭語ですけれども、なんでも〃お〃をつけてしまう。

例えば、子どもが絵を描くなんていうのを〃お絵描き〃なんて言っている(笑い)。お絵描きなんて言葉が出てきたときには、私などはびっくりしたんですけれども、いまのヤングママは平気ですよ。

そういうふうな形で、〃お〃がやたら使われるという傾向が一つあります。

それから、次の言い方は気になりませんか。

「このへんでドアを閉めさせていただきます」

最近、JRのみならず各私鉄線でほとんどこう言っていますね。これが登場してきたときには、非常に気になるという意見が出たんだそうです。ところが、いまはほとんど全部これを言っていますから、もう慣れてしまって、これが普通の言い方なんだろうというふうに受けとめるようになってしまった。

しかし、もとをただして考えると、これは非常に妙な言葉なんです。この「何々させていただきます」という言い方は非常に丁寧な言い方なんですが、丁寧すぎる言い方なんですね。特に、電車のドアを閉めるのに、なぜ「閉めさせていただきます」なんて言わなくてはいけないのか。「このへんでドアを閉めます」、これで十分なんですね。

「明日は休ませていただきます」というときに、さらに屋上屋を重ねて「明日は休まさせていただきます」という。ここまでくると、ちょっと変だぞという方もいらっしゃるかと思います。「明日は休ませていただきます」だと、まあまあ、いまは普通になりました。それでは普通だから、もっと丁寧に言おうと思うと、そこにまた〃さ〃をつけることになる。「明日は休ませていただきます」、もう舌を嚙んじゃいそうです（笑い）。

謙譲語と尊敬語のとり違え

このあたりのことを、『日本語ウォッチング』（岩波新書）のなかで井上史雄さんは「敬意逓減」の法則だと言っておられます。要するに、尊敬の意味が次第に減っていくという意味ですね。ある言葉を使い続けていると、どんどんその尊敬の意味が薄れていってしまうそうです。それが当たり前になってしまうと、もっと丁寧に言おうと思うときは、そこに何かをくっつけなくてはならないという一種の脅迫観念が生じる。なかでも銀行やホテルなど、お客さんを相手にする商売で、言葉をますます丁寧に言わねば……という風潮が生まれて、それが一般化していく。つまり過剰な敬語が登場してくることになるのだそうです。これがどんどん進んでいくと、一体どういうことになってしまうのか。

例えば、「何々させていただきます」という言葉が登場したときは、非常に耳障りで、過剰な敬語という気がしましたが、いまはもう、ごく当たり前になって、これをもっと丁寧に言おうとすると、「～をさせさせていただきます」（笑い）、こんなことになってしまいかねない。

もう一つ、混乱が起きているのは、従来、謙譲語とされていた言葉が、尊敬語とごちゃまぜになってきている。

「エー、ただいま○○先生が申されたように……」、これなどは一番よく挙げられる例ですね。「申す」は本来、謙譲語ですから、それにいくら〝れ〟をつけてみても、尊敬語にはならないんですが、これも非常に多い。本人は尊敬のつもりですけれども、全然、尊敬の意味はありません。

それから、「（店員が）ワインは冷やしたほうが、おいしくいただけます」という、〝いただく〟というのは、本来謙譲の言葉ですから、店員がお客様に向かって言う言葉ではないんです。しかし、こんな言葉が平気でまかり通る。

尊敬語、謙譲語、丁寧語の三つが合わさって日本語の敬意の表現はできているわけですが、それが一方はかなり過剰になっていき、一方、謙譲語を使う機会が日常生活から減ったために、それがあたかも尊敬語であるかのように使われるといった、そんなケースも出てきているということです。

幼児期からの言葉のしつけを

中学校では、三年生になると、この敬語法を教えるんです。尊敬語はまああ、ある程度わかります。しかし尊敬すべき対象がいまははっきりしません（笑い）。かつては、先生とか親とか、おじいちゃん、おばあちゃんとかが尊敬の対象でした。ですから、例文をつくっても「先生が来た」と言ってはいけませんよ、「先生がいらっしゃった」と言うんですというふうに説明したって、いまや先生と生徒の関係は友達関係ですから、「なんで、そんなこと言わなきゃならないんだよ。先生、来たでいいじゃねえか」と、こうなるわけです。

まして、謙譲語なんていう言葉はどうやって説明したらいいのか、私たちも非常に苦しむわけです。

「自分をへりくだって言うんだよ」

「へりくだるってなに？」

といった具合で、へりくだるということ自体がわからない。「目上の人がいるだろう？」「目上ってなに？」という、この感覚ですね。目上も目下も、へりくだるもわからないところで謙譲語なんて言って教えても、受験用には役立つけれども日常生活ではあんまり役立たない。

私は、丁寧語さえきちんと使えればいいんじゃないかと主張しているんですが、しかし現実に日本語には尊敬語、謙譲語、丁寧語があって、この組み合わせで敬意をあらわすということになっています。このところをどうするかというのが、第二十一期国語審議会の大きな課題になっていて、いま、その報告書をまとめているところです。いずれは、マスコミなどを通して、また報告されると思います。

実は、第二十期の国語審議会でもこれをやっていたんです。議論したんですが、結局、皆さんの目にとまったのは〝ら抜き言葉〟だけですね。あれは、やたら有名になりまして、国語審議会というのは〝ら抜き言葉〟ばかりやっていたように思われていますけれども、そうではないんです。敬意表現について、まじめに議論しているんですが、さて、その敬語は一体どこが教えるべきか。

文化庁の意識調査によれば、五七％くらいは家庭で教えるべきだというふうに多くの国民は答えているんです。一方、学校で教えるべきだという意見も五〇%近くあります。これは両方で教えることであろうなと思うんですが、しかし言葉を覚えるのはまず家庭ですから、結局は幼児期からの言葉のしつけが小学校、中学校あたりの言葉遣いにも大きな影響をもたらすわけです。

これは責任の押しつけっこではありませんけれども、まず幼児期からの言葉のしつけを、ちょうど習得してくるその時期に、もっと真剣に行なうべきではないかというふうな感想を持ちます。

〝言葉とがめ〟の前に〝教育〟を

さて、最後にまとめとして、「言葉遣いの乱れをどうとらえるか」ということですが、現代の言葉の変化を〝乱れ〟ととるのか〝変化〟ととるのかでは、とり方が相当違います。

いつの時代も言葉が乱れているということは言い続けられてきているんですね。もう江戸時代からそうです。常に、そのときの大人は若者たちの言葉を「乱れている」と言い続けている。そして、いまも我々大人は若者の言葉を「乱れている」と言っているわけです。そうやって、日本語は確実に変化してきたわけです。

まず、言葉遣いをどうみるかというときに、それを〝乱れ〟ととるよりも〝変化〟ととる方が私は基本的にはいいんだろうと思います。しかし、その変化の中にどうしても気になる言葉が出てくる、それが若者言葉です。

若者言葉について、私は二つの態度をとりたいと思っています。

一つは、言葉で遊んでいるんだから、放っておけ。つまり、ほとんどは、若者同士の間の言葉のやりとりなんです。それを公式な場面で、あるいは大人との会話の中で持ち出してきたら、それは戒めるべきですね。仲間内で言葉で遊んでいるのは、それは放っておけばいいんです。

しかし、その仲間内で遊んでいる言葉の中に、やはり許せない言葉が幾つか登場してきた。それがいまの若者たちの気持ち、行動と結びついている言葉ですが、その一つが「マジ」であり、「ムカツク」であり、曖昧表現である。こういうのは、私は教育で何とかしていかなくてはいけない部分だと思います。

これは言葉の問題であるよりは、心の問題ですから、言葉とがめをする前に、やっぱり若者たちの心に切り込んでいくような、具体的には、例えば正義とか、まじめとか、そういうものを子どもたちの中でもう一度復権するような教育をしなくてはいけないのではないか。

とかく〝言葉とがめ〟から始まってしまいますけれども、私は言葉とがめの前に、もう一度人間としての基本的な価値観を教えていかなくてはいけないのではないかと思います。

心と言葉の問題は、まさにそういうことでして、我々大人はどうしても子供たちの言葉に反応しますけれども、その言葉の裏にある気持ちをもう少し考えていったらなと思います。

国語辞典の発音記号

国語辞典には発音記号がないから正確な発音を知ることは不可能である。日本人にはカナ表記でなんとなく分かるけれど、外国人は困るに違いない。

たとえば、オ段の長音は「ウ」と書かれることが多い。また、「えい」「けい」「せい」などのように「エ段十イ」は「エー」となる。したがって、国語辞典の見出しは「えいよう（栄養）」でも、発音は「エーヨー（エエヨオ）」なのである。一方、外来語では、メインでなくメーンになっている。

また、「いう」の発音は「ユー」となる。終止形と連体形以外でも「ユ」と言うことはできるが、一般的ではない。「よい」も終止形と連体形で「いい」と言うことができ、「いい男・いい加減・いい気味」などは「よい」と言わないのが普通だ。なお、「いく」と「ゆく」も両方使える場合と片方しか使えない言葉があるが、「いく」を空見出しにしている国語辞典は多い。

はたして、国語辞典に発音記号を載せる日はやって来るだろうか。（境）

座談会……………

残る「言葉」、残らない「言葉」

久世光彦・大道珠貴・ピーター・バラカン

使われすぎて色褪せていく言葉たち

——去る二〇〇四年十二月一日、二〇〇四年度の『流行語大賞』が発表になりました。この結果をご覧になって、みなさんはどう思われましたか。

久世　流行語というからには、多くの人がその言葉を日常的に使っているはずですよね。しかし僕には、自分がこれらの言葉を日常で使ったという覚えがまったくありません。それは僕がいわゆる〝流行語〟に疎いせいなのか、それとも年齢的なことに原因があるのか、その辺はわかりませんが。

バラカン　スポーツ界から出てきた言葉というのは、メディアが広めている部分が大きいと思います。水泳選手の北島康介さんが発した『チョー気持ちいい』というひと言を、何百回も繰り返して流すことで世の中に定着させてしまう。放送界では話題の人物が放つ短い言葉を番組中に引用することを〝サウンドバイト〟と呼びますが、それを特に意味のない言葉に対しても盛んに行うのはテレビの悪い癖ですね。まるで視聴者を洗脳しようとしているかのようで、一視聴者として非常に抵抗を感じます。

他の選ばれた言葉を見ても、メディアが勝手に悪ノリして流し続けた言葉がただ並んでいるといった印象ですね。最近のメディアは、バラエティ番組のなかで自分が発した冗談に自分でウケているタレントと変わらないように思います。

大道　私はいわゆる〝流行語〟というものにあまり興味はないのですけれど…。そういえば、昨年はよく取材などで「『負け犬』についてどう思いますか」と聞かれたな、と思い返しているところです。あまり興味がなかったので、そのことにも答えられませんでしたが（笑）。

これは酒井順子さんの著書『負け犬の遠吠え』からきている言葉ですが、酒井さんは別に〝負け犬〟と定義した三〇代で非婚、子供を持たない女性たちを侮蔑しているわけではないんじゃないでしょうか。逆に私は、〝負け犬〟の方がそうでない女性よりも勝っているからこそ、この言葉に光があたって注目されたんじゃないかと思います。ですからこの言葉に関しては、酒井さんが使ったときの本来の意図とは違うニュアンスで、言葉だけが一人歩きをしているように思います。

久世　『流行語大賞』のラインナップには、二通りがありますね。ひとつは、単純にこの言葉が流行りました、というもの。もうひとつは、その言葉の元になったものが売れたとか話題になったという〝現象〟を指しているもの。『負け犬』や『セカチュー』、『冬ソナ』といった言葉は後者でしょう。言葉そのものではなく現象として流行したものを〝流行語〟の範疇に入れてしまうというのも、おかしな話だという気がしますね。

大道　言葉というよりも、その言葉に関連する〝人〟が注目されているだけ、という感じがしますね。

バラカン　流行語とはいっても、たぶん五年後にはみんな忘れてしまっているんじゃないか。そんな言葉ばかりですね。

久世　うん。全体的に見て、非常に淋しい。

流行語と言えば、ここ一年くらいの間に耳にした言葉のなかで、僕が気になって仕方ないのは『元気をもらった』『勇気をもらった』という言い方です。猫も杓子も使っているけれど、これは嫌ですね。

大道　私も嫌です（笑）。元気も勇気も、もらうものじゃなく、自分で〝なる〟ものですし。『感動をもらった』とかも気持ち悪い。そんなに感動してどうするんでしょうと思うくらい、したがっている。

久世　何年か前にマラソンランナーの有森裕子さんが「自分を褒めてあげたい」と言ったら、そのあと自分を褒める人たちが続出したけれど（笑）、そのときの印象と同じものを感じます。スポーツ界から出てきた言葉というのは、そんな風にやたらと耳につくものが多い。『違和感』や『結果を出す』もそうですね。スポーツ選手がよく使うせいか、スポーツ紙にも頻繁に登場します。

そうした〝一つ覚え〟のような言葉は政治の世界にもあって『～を視野に入れて』『見直す』『厳粛に受けとめる』などなど、あまりにも使われすぎる言葉がたくさんあります。政界の場合には新しい言葉を使って非難されることを恐れる傾向がありますから、使い古された言葉をわざと使うところもあるんだろうけれど、そうした意図の働かない世界でまで同じ現象が起こるというのは問題ですね。言葉というのは最初の二～三回はすんなり入ってくるけれど、使いすぎるとみるみる色褪せていくんです。そうなるともう、悲壮にしか聞こえなくなってしまう。言葉が持つ本来の意味が死んでしまうんですね。『元気をもらった』や『勇気をもらった』も、僕にとってはそんな言葉です。

バラカン　政治家が使う言葉には、話の内容をぼかそうとして選ぶケースが多いですよね。だから何度も耳にしているうちに、その言葉自体が胡散臭く聞こえるようになるのだと思います。

久世　そういう意味では、代議士の付属団体などの名称も面白いですよ。『平成政治研究会』とか『現代政策調査会』とか、絶対に覚えられないような名称が付いている。他と区別できない方が都合がいいんです(笑)。つまり、わざと使い古された言葉を組み合わせることで、自分たちをできるだけ目立たない存在にしようとしているわけです。そう考えると、言葉というのは使い方によってさまざまな効用をもたらすものなんだなぁと思うけれど、政界のような言葉の使い方を一般の人たちまでがするようになるのは危険ですね。どんな場面でも一つ覚えのように同じ言葉を使い続ければ、聞く側にはその内容までが胡散臭く思えてきてしまいますから。使いすぎると、人間の皮相にしか訴えなくなるんです。

記号的な言葉には〝ニュアンス〟が感じられない

大道　中高生など十代の人たちの場合には〝記号〟として言葉を使う傾向も見られますね。今回流行語大賞に入っている波田陽区さんの『～って言うじゃない』『～斬り！』というのは、記号的な言葉の代表だと思います。

久世　いま流行っている『電車男』なんて、ちょっと中味を覗いただけでもびっくりしますよ。ああいうものは単純に若者の遊びなんだと思えばどうということもないけれど、それが出版化されて何十万部も売れてしまうということには疑問を感じます。『電車男』に参加する人たちというのは、自分が普段何かを表現する術を持たないから、誰かにアドバイスすることで影響を与えられるということが嬉しいんでしょうか。

暇だなぁ、というか、淋しいのかな。

大道　そういうものに参加する人たちの特徴は「匿名でありたい」ということですよね。名前を出すと発言に責任が伴いますから。そこまでの責任は負いたくないけれど、ちょっかいは出してみたい。そんな心理が働いているように思います。

久世　僕は日本語は大好きですが、いまの日本語は非常に貧しいなと思います。戦後、日本では言葉を少なくしようという動きがあって、当用漢字の公布がその解決策とされました。これによって多数かつ複雑な昔の漢字の少数化と簡易化が図られたわけだけれど、僕は逆にこのことで日本語はずいぶん損をしたんじゃないかと思っているんです。

バラカン　僕にとっては日本語は母語ではないので、外国語を勉強する身としては言葉が少ない方がありがたい面もありますが（笑）。ただ微妙なニュアンスを伝えるためのボキャブラリーが貧弱になっているのは英語にもいえることなので、それがいいとはいえないですね。

久世　英語でもそうですか。

バラカン　同様の意味を持つ複数の言葉という意味でいえば、言葉自体は存在するんですが、その使い分けをしなくなってきています。若者は本を読まずにテレビばかり見ているうえに、テレビの内容がどんどん低俗化していく傾向にあるので、語彙が増えていかないんですね。言葉のニュアンスが単純になってきているというのは、英語も日本語も変わらないと思います。

久世　すると、言葉の貧しさはもう世界的な現象だといっていいのかな。

バラカン　英語に関していえば、アメリカ英語が主流になってきたために、言葉の使い方に正確さが失われてきています。スラングのように、感覚的な要素の強い言葉ばかりが使われる傾向にあるんですね。だから若い人たちが話しているのを聞くと、その意味がわからないことも多いですよ。僕自身、自分の子供たちが話しているのを聞いて「それ、どういう意味なの？」と尋ねることが時々あります。

久世　それは日本でも同じですね。もちろん、ある世代だけが使う言葉や仲間うちで意味が通じればよしとする性格の言葉は昔からあるし、そういうものがあってもいいとは思いますが。ただ僕は、そこから先が重要だと思うんです。言葉というのはニュアンスを持って初めて〝文化〟になるわけですから。

たとえば日本語には〝我慢〟と〝辛抱〟という言葉がありますが、意味合いとしてはほぼ同じです。でも僕には〝我慢〟と〝辛抱〟とでは、時間的なニュアンスが違うように思える。〝我慢〟よりも〝辛抱〟の方が「より長い時間にわたって耐える」というイメージを持っていますから、僕が何かを言ったり書いたりする場合には、そのふたつを使い分けるだろうと思うんです。ところがいまの人たちは圧倒的に〝我慢〟を使って〝辛抱〟なんてまず使わない。誰かが使えば「古い」と言って笑うんですね。そうやって簡単に片付けてしまっていいんでしょうか。

バラカン　僕が日本語を学んだのは六〇年代の終わりから七〇年代にかけての頃でした。ですから僕は〝ら抜き言葉〟を使えないんです。当時はまだ、そういう言葉はありませんでしたから、でも〝食べれる〟と言うのが当然だと思っている人に僕が〝食べられる〟と言ったら、たぶん「古い」と言われるんじゃないかと思います（笑）。〝ら〟を入れる方が文法的には正しいのに、おかしな話ですよね。そんな風にして日本語が安易な変わり方をしていくのは、やっぱり淋しいなと思います。

間違いだらけの敬語と外来語

バラカン　いまの若い人たちの言葉遣いには、敬語の乱れという問題もあると思います。敬語というのは学校で習わないんでしょうか。

久世　尊敬の助動詞、謙譲の助動詞という風に文法として教わるだけでしょうね。それを日常の語句として習うことはないと思いますよ。

大道　日常の場面においては、謙譲語が特に乱れていますね。自分を謙遜して言う言葉というのは、若い人にとっては難しいようです。

バラカン　僕のところには毎日さまざまな人たちから仕事を依頼する電話がかかってくるんですが、若い人は明らかに言葉の使い方を間違えていることが多いんです。そういう電話を受けると、こちらとしてはなかなか仕事をする気にならない（笑）。間違った言葉遣いをすることで損している人たちも多いと思います。

久世　なんだか滅茶苦茶な言葉も発明されていますしね。たとえば僕がレストランでチャーハンを注文したとすると「チャーハンの方をお持ちしました」「こちらチャーハンになります」なんて、どっちがチャーハンの方角なのか、何がチャーハンに〝なる〟のか、まったく意味がわからない（笑）。思わず、言った人の顔を見てしまいます。

バラカン　僕はその場で指摘しますよ。でも伝わらないですね。ほとんどの場合、相手は何を言われているのか理解できないようです。

大道　私は十代の人たち向けの小説に、そうした言葉を〝若者言葉〟として登場人物に言わせることがあるんです。ただ他の登場人物に指摘させるなどの方法で、必ずどこかで疑問を生ずるようにしています。「〜でよろしかったですか」とか「自分は〜な人だから」という言い方も、いまは当たり前のように使われていますね。先日も同年代の編集者と話をしていたら「僕って〜な人じゃないですか」と言われて、同年代でもこれなのかあとうすら笑いをしてしまいました。

バラカン　自分を〝人〟という言い方については、実は何年か前に僕も番組中で言ってしまったことがあるんです（笑）。でもすぐにリスナーからお叱りの手紙をいただいて、間違いに気付きました。指摘してもらえて助かりましたよ。本当はスタッフがその場で指摘してくれればいいんだけれど、みんな間違いに気付かないのか、どうせ外人だからと思っているのか（笑）、日常の場面ではなかなか正しい日本語を教えてくれる人に出会えませんね。

大道　私は、自分で自分が恥ずかしくなるような、聞きかじった言葉はできるだけ使わないようにしているんです。ですから小説にも極力外来語を使わず、子供の頃から慣れ親しんだ言葉を使うようにしています。

久世　いまはカタカナ言葉が不用意に使われすぎていますよね。特にポップスの歌詞にはその傾向が見られます。

バラカン　それもほとんどがデタラメだから困るんです（笑）。大抵の英語のフレーズは、ただ単語を並べただけでまったく意味をなしていない。僕はこうしたデタラメ英語を氾濫させている一番の犯人は、広告業界だと思うんです。広告のコピーに使われている英語というのが、何よりも社会に影響を及ぼしているのではないでしょうか。広告ほど大きな影響力を持つメディアはないのに、そこで使われている英語が間違っているから、世の中にその間違いが刷り込まれてしまう。使うなら、それが正しいかどうかをきちんと確認するのが鉄則だと思うんですが、広告業界の人たちは確認をしないんでしょうか。

久世　〝プリティな〟〝フィジカルな〟など、英語の形容詞の日本語化にも抵抗を感じますね。〝フィジカル〟に至っては、形容詞なのに名詞のような使われ方までされている。他にも〝スタンス〟とか〝モチベーション〟とか、英語を使えば上等だという意識が、まだどこかに残っているのかなあ。

バラカン　〝フィジカル〟の場合でいうと、英語では“physical examination”（身体診察）を略して“physical”と言うことがありますが、そうした意味で名詞的に使っているのだとしても、それをそのまま日本語に流用することには無理がありますね。英語圏の人でなければ本来の意味はわからないんじゃないかと思いますから。日本語で間に合うのなら、日本語を使った方がよっぽどわかりやすいのに（笑）。

久世　そうそう。わざわざ〝メンタル〟なんて言わなくていいんですよ。日本語には〝精神〟という言葉も〝知能〟という言葉もあるんだから。

大道　音楽の世界では、沖縄発の曲が流行し始めてから日本語が少し戻ってきましたね。沖縄調の曲というのは、心に訴えかけるようなメロディに合わせて意識的に日本語を使っているように思います。そしてそうした曲がヒットすると、沖縄調以外の曲でも日本語を使い始めるようになる。誰かが意図的に始めたことをみんなが真似するという構造は、流行語と同じですね。

メディアが持つ影響力を言葉への意識改善に生かす

バラカン　日本には、自己表現力を持った若者が非常に少ないですね。勉強のできる人に限って、自分を表現する力に欠けているように思います。教育現場が、言葉を使って自分を表現するといったことを大切にしないからでしょうか。

大道　自己表現ということの前に、すべてを無の状態に戻してゼロから再スタートしたい、と考える若者も多いですよ。むしろ私は、そちらの傾向の方が強くなっているように感じます。

久世　自己表現については、僕は教育の問題というより単に〝個人差〟である面が大きいんじゃないかという捉え方をしています。その人がどういう環境で育ち、何を見たり読んだりしてきたか、何を感じながら生きてきたか。そうしたことが大きく影響しているように思いますね。

大道　私は以前、〝渋谷ギャル〟と呼ばれる女の子たちを取材したことがあって、そのとき彼女たちに夢を聞いてみたんです。最初は話をそらすんですが、時間が経つと、「歌手になりたい」と答えたりする。カラオケにしょっ中行っているので、その気になったんでしょう。有名になる、注目される、ということが自分にとっての自己表現なんでしょうね。有名になったら、きっとそれなりの苦労があるのになあ。やりたいこととやれることとの区別はもうはっきりできる年代じゃないのかなあ。

バラカン　マスコミに洗脳されてしまっているんでしょうね。いわゆる「セレブ」やスポーツ選手ばかりをマスコミがもてはやすから、自分が認められるにはそういう存在になるしかないと思ってしまう。メディアの側にも責任があるといえますね。

久世　「映画スターになりたい」という願望を持つ若者は昔もいましたけどね。でも昔は、みんな鏡を見て諦めたものなんです（笑）。ところがいまは、そうした客観的な美醜についても〝個性〟という言葉でエクスキューズしてしまう。そう考えると、〝個性〟というのは実に曖昧な言葉ですね。

大道　いまは整形なども手軽にできますしね。「プチ整形すれば私でもイケるかも」と思うんじゃないですか。

久世　人気者の言葉や動作というのはみんなが真似しますから、メディアが持つ影響力をもっとうまく利用できるといいですね。たとえば僕は以前、連続ドラマに出演してもらった小泉今日子さんに、落ちているゴミを見つけたら必ず拾ってゴミ箱に入れるといった動作を毎回してもらったんです。すると視聴者、特に子供たちがみんな、そうした動作を真似るようになるんですよ。つまりテレビというのは、そのくらい強力な媒体なんです。

バラカン　僕もメディアに関わる人たちか

ら意識を変えていくことが打開策になるんじゃないかと思います。ただ番組の制作現場にいる人たちはどうしても視聴率に左右されますから、まずは広告業界の人たちが理解のあるスポンサーを探し、彼らを視聴率の呪縛から解放してあげることが大切です。ただでさえ誤解の多い世の中なんですから、コミュニケーションのための道具である〝言葉〟をもっと大切にしてほしいと思います。

大道　そうですね。大人である私たちが言葉に責任を持つことで、子供たちの口に受け継がれるような言葉を残していけるといいですね。

不通なことば

　話せば分かる、というわけでもない。日常生活で、どうも自分のことばがうまく通じていないという、はがゆい思いは誰もが感じているのだろう。こう説明すれば当然こんなふうに感じ取ってくれるだろうと、自分では信じている、その感じが伝わってゆかない。ここまでくだくだと説明しなくても、親しい彼＝彼女には分かるはずだと思っていても、どうも分かってもらえない。冗談だよって念を押すのは粋じゃないと思うんだけど、ええと、いまのはジョークだからジョーク、と言っておかないと困ったことになることもある。わたしの当然は、彼＝彼女の当然ではないのだということ。ニュアンスの不通。悲しい認識だ。

　その悲しみは相手のことばのなかにもある。ありがとう、と言っているのに、ありがとうと聞こえない。ごめんなさい、と頭を下げているのに謝罪の気持ちが伝わってこない。そんなときでも大人は、ごめんで済むなら警察はいらねえんだよ！　などど、あからさまに抗議することはないから、なんとなく腑に落ちないまま気まずい雰囲気になるだけだ。ことばというものは概して伝わらない。

　どんな声色でどんな表情でどんな口調で話すか——それは人それぞれの個性にまでいき着く。ささやかなひと言でも、いつも正確にこころがこもったことばに聞こえるひとがいる。かけがえのない美徳だ。形だけ真似してもこころは真似られない。

（妹）

日本語は一つではない

高田　宏

複数存在する日本語

昭和三十年代の前半ごろ、つまり一九五〇年代後半のことになるが、ぼくは少女雑誌の編集者をしていて、列島のあちらこちらへ取材に出かけていた。山村へ出かけることが多く、目的地に着くのに苦労したものだが、その土地の言葉が分からないことにも苦労した。テレビが普及する以前の時代であり、電気の通っていない村々ではラジオもなかった。子供たちや若い人たちは学校で標準語（共通日本語）教育を受けているので、なんとか話が通じるのだが、老人たちとの会話では身ぶり手ぶりを交えてもよく通じないことが多かった。

北上山地の山ふかい村で冬の一週間ばかりを過ごしたときには、昼のうちは小中学校の分校で先生や子供たちと会話ができたけれども、夜になると、泊めてもらっていた山林地主さんの家の囲炉裏端で、ランプの明かりの下で濁り酒を飲みながらの話が、ほとんどひとことも分からなかった。おじいさんの話の一区切りごとの「ガンス」を聞きとって、そのたびうなずくだけであった。

東京に帰ってから友達のお父さんにこの話をすると、そんなことはあたりまえだと笑われた。このお父さんは昭和初期、新聞記者として津軽へ取材に出かけ、取材のあいだ毎日、地元の小学校の先生に通訳をたのんでいたという。日当を払っての通訳である。日本人が日本国内を取材するのに、通訳なしではだめだったのだ。

その津軽の、この話より半世紀ばかりあとのこと、津軽のなかでも大都市の弘前で、ぼくは津軽語のいまだ健在であるのを身近に知った。弘前駅前から乗ったバスのなかでのことだ。ぼくの座席のまわりに七、八人の通学女子高生が立っていて、賑やかに楽しそうにしゃべりつづけていた。その話が、いくら耳を立ててもまったく理解できない。津軽の言葉が飛び交っているらしいが、どんな話題なのかの手がかりすらつかめない。途中、唯一聞きとれたのが、強いなまりで発せられた「一、二、三、四」という言葉だけだった。

ああ、津軽文化健在なり、と嬉しかったものだ。中央文化と共通日本語だけに均《な》らされてはいない、津軽という土地が匂い立っていた。もしぼくが彼女たちに話しかければ、ぼくにも分かる共通日本語で答えてくれるはずだけれども、彼女たち同士の会話は母語《マザータング》である津軽語でなされていた。

こういう言語体験を思い出していけばきりもない。あと一つだけにしよう。

十数年前、編集者とぼくの二人で奥羽山脈のふもとの村へ、若いころマタギ猟をしていたという老人の話を聞きに行ったことがある。居間に上げてもらって数時間を過ごしたのだが、ぼくには老人の話が十分の一も分からない。熊の胆《い》と熊皮が老人の仕留めた熊のものだとは理解できる。しかし、そのときの猟の状況が、ほとんど聞き分けられなかった。録音をとらせてもらっていたので、それがたよりだった。地元のタクシー運転手さんにも一緒に話を聞いてもらっていたので、あとで教えてもらうこともできると思った。この運転手さんの言葉が岩手弁で、編集者もぼくも半分ぐらいしか理解できなかったが、それだけに彼なら老人の話がよく分かっているだろうと思った。だが、それは当てはずれだった。同じ岩手県でもここらの言葉は半分も分からないということだった。それでもほくたちよりはましなので、いくらか参考にはなった。あと頼れるのは録音テープだ。東京に帰ってから岩手出身の知人に聞いてもらうことにした。だが、だめだった。知人はお手あげだという。彼は東京生活が長くて地元の言葉を忘れかかっているかも知れないと嘆いたが、それよりもどうやら彼の出身地の言葉と老人の村の言葉とのあいだにずいぶん大きな差異があるようだった。

日本語は一つではない、というのが実感である。文法の基本構造を共有しているとは言っても、聞いて分からない言葉は外国語みたいなものだ。そういう分からない言葉が、モザイク状に列島を覆っているのが実状だ。分からないとは言えなくても、たとえば大阪弁や博多弁はよく耳にする。大阪語、博多語と呼んだほうがいいくらいに、共通日本語からは大きくはみだしている言葉だ。

音韻ともなると、これも多様だ。鼻濁音がある地方、ない地方、「先生」をセンセイと発音する地方、シェンシェイと発音する地方、「火事」をカジと発音する地方、クヮジと発音する地方、いろいろである。ぼくの育った加賀地方南部では拗音と促音が脱落しやすい。ぼくは今でも拗音・促音の発音には一種の努力が伴う。

明治以来の学校教育と、徴兵制度のもとでの軍隊生活などが、それぞれの土地の言葉とは別種のいわゆる標準語をひろげてきた。多くの人びとは共通日本語と地域語の二重言語生活を受け入れてきた。幼児や老人は今でも地域語中心の言語生活を送っているが、そのほかの人びとは時と場合によって共通日本語を話したり地域語を話したりしている。

とりわけ三十数年前ごろからテレビが普及してくると、日常生活のなかでの共通日本語が増えてきた。地域語は衰退する傾向にある。しかし一方、ごく近年になって、地域語を大事にしたいという動きも各地に見られるようになっている。ぼくはその動きに拍手を送りたい。

大阪弁の童謡を書いている詩人もいる。津軽弁で詩を朗読している人たちもいる。日本語は多様だということをみずから認め、それぞれの言葉で表現している人たちだ。さいわいなことに、国家権力もそれを押さえつぶそうとはしていない。むしろ好感を持って見守っているふしさえある。いいことだ。アカデミー・フランセーズが日本国にないことを喜びたい。そういう言語統制は今後もいらない。国語審議会というのがあるけれども、その答申はそれほどの強制力は持っていない。それに近々、国語審議会の再編成が取りざたされていると聞く。行政改革の一環でもあろうが、一方、日本語の持っている多様性と猥雑性が審議会を無力化してきたと見ることもできるだろう。言葉に手かせ足かせは不要なのだ。そんなものは言葉の持っている力ではじきとんでゆく。

感情を溢れ出させることば

博多の酒場に、日本生まれのドイツ人で、ドイツ語も日本語もよくできないけれども、博多語ならまかしてくれという女性がいる。

あるとき彼女と話していて、“I LOVE YOU”を博多語でどう言うのかとたずねてみた。すると、「うちゃ、あんたば好《す》いとうと」と言うのが直訳だとのこと。それでも、「わたし、あなたを愛してます」とか「愛してるわ」なんかより情がこもっているのだが、博多女が本気で惚れた男に言うなら、男の目をじっと見つめて、ひとこと、「好《す》いとう」と言うのが本当だ、とのことだった。

標準語とか共通語と呼ばれる日本語では、心の奥底は表しにくい、という話である。プロ野球のタイガース・

ファンにしても、標準語で応援したりはしないだろう。大阪弁・大阪語で応援しなかったら心情は叫び出せない。学術論文やビジネス文書は共通日本語でいい。そこに情をからめたりする必要はないどころか、感情をあふれ出させる言葉は邪魔物なのだから、ないほうがいいに決まっている。

しかし、ぼくたちは誰しも、感情を抜きにした言語生活だけを送っているわけではない。情の言葉は生きるための必需品だと言えるだろう。地域語がその役割を受け持ってくれている。ただ、ぼくをその一人として、自分の母語（ぼくの場合は大聖寺語）を使えない状況に置かれている者も少なくない。大阪出身の人たちは東京に住んでも大阪弁を使いつづけることができる。大阪語が大地方語であり、汎用性を持ち、その歴史への外からの敬意もあるからだ。ぼくのような小地方語出身者はそうはいかない。いきおい、多少のなまりは残しながらもほぼ共通日本語生活一本で生きるほかはなく、そのぶん心を痩せさせるか、なんとかして共通語に情を託する努力を重ねるしかない。そのへんはなかなか微妙な問題だ。

東京の電車のなかでときどき、大学生同士がやけにかしこまった会話をしているのを耳にする。「君はどう思いますか」「いえ、そうではありません」「それはいいですね」などと、ひどく他人行儀な会話である。友達づきあいにしては不自然すぎるが、聞き耳を立てているとどうも親しい友達同士のようである。

そういう言葉づかいによって、おたがい相手とのあいだにしかるべき距離をつくり、心のなかまで踏み込まないようにしているのかも知れないが、しかし、彼らは別々の地方出身者なのかとも思う。大学生になり東京に出てきて友達ができたけれども、おたがいに出身地の言葉ははばかられ、やむなくばかていねいな共通日本語を不自由をかこちながら口にしているとも考えられる。

それに比べると、いわゆるコギャルたちの電車内の会話は、うるさいくらいに活気にみちている。ぼくの年代では理解できない言葉をちりばめながら、コギャル語で話して楽しげだ。コギャル語というのも、女子中学生などのつくりだした情の言葉だろう。彼女たちのあいだで、その言葉は生命力を発揮している。親や先生の前ではふつうは使われないのではないか。それにまさか、コギャルたちが大人になつてもコギャル語を使いつづけるとは思えない。コギャル語を使いつづけておばあさん（コギャル語ではババアか）になったりしたら、これは悲劇か喜劇か。

心の表わし方は、言葉に限ってはいない。沢木耕太郎の長編旅行記『深夜特急』に、ギリシャの田舎道を歩いていて、通りかかった男と笑顔を交わしたのがきっかけで、その男が名付け親になっている子供の誕生会に招かれるところがある。

その男はわずかに英語ができる。「アイ・ハッピー、ユー・ゴー」と、今日は嬉しい日だからお前も一緒に来てくれと誘う。わけをたずねると、「アイ・ゴッドファーザー」と言う。男は友人の子供の名付け親なのだ。そうして一緒に訪ねた家で、男の友人夫妻と子供たちと友人の両親とに歓迎され、家族パーティーの客となる。道で誘ってくれた男の通訳で賑やかな誕生会がつづき、やがて日が暮れかかり男が自分の家へ帰っていくのだが、沢木耕太郎に、お前はこの家で泊まっていけ、と言う。男がいなくなるということは通訳が不在になるということだ。だがその晩、ギリシャ人一家と沢木とは、ひとことも通じないままに、にこにこしているだけでじゅうぶんに心が伝わっていたという。

沢木耕太郎ほどの体験はないが、それでもこの話がよく分かるのは、ぼくも外国を旅行したときいく度も、笑顔のコミュニケーションに出会っているからだ。

アトランタ郊外の野外博物館で、売店の太った中年女性が見せてくれた笑顔と、「ハブ・ア・グッデイ！」の言葉のひびきは、今も目と耳に残っていて、思い出すたびに気持ちがなごやかになる。つい先日、妻と二人でオーストラリアへ観光旅行に行ったときには、おおらかなあの国の人びとの笑顔に行く先々で迎えられ、そのホスピタリティーに心がなごんだものだ。メルボルンのフィッツロイ・ガーデンズにある小じんまりした石造りの小屋の売店では、銀髪の女主人がぼくたちのおぼつかない英語を笑顔で聞きとってくれて、あれこれ詳しく教えてくださった。店を出てきてからもずっと、気持ちがはずんだものだった。

英語の人たちは、いい加減な英語でも聞きとってくれることが多い。名詞を並べたぐらいでも察してもらえるところがある。文法上まちがった言い方にも寛容だ（フランス語はあまり寛容とは言えない）。そこに笑顔というコミュニケーションツールが加われば、なんとかなる。

日本語もそうだ。外国人が変な日本語を話しても、たいてい言わんとするところがつかめる。名詞羅列でもなんとか通じる。動詞が現在形だろうが過去形だろうが、アクセントが違っていようが、話の流れとか表情、身ぶりとかで見当がつく。日本語はいい加減なところのある言葉だ。だから汎用性がある。その上、はじめのほうに書いたように、カタカナ語を平気でどんどん入れてゆく。政治・経済その他の環境がととのえば、英語につぐ世界語になる可能性があると、ぼくは思う。

落語の江戸語・東京語

野村雅昭

江戸の落語と江戸ことば

職業的落語家の祖とされる初代三笑亭可楽（安永六〈一七七七〉—天保四〈一八三三〉）が下谷稲荷社地内で寄席を興行したのは、寛政十年（一七九八）とされている。そののち可楽は、積極的に活動をおこない、文化・文政期における江戸落語興隆の中心的存在となった。寄席の数も、文化元年（一八〇四）ごろには三三軒であったものが、文政八年（一八二五）には一三〇軒にふえ、幕末の安政年間（一八五四—六〇）には三九二軒に達した。

そこで演じられた落語がどのようなものであったかを知る手がかりは少ない。可楽の落語が滑稽本の代表作である式亭三馬の『浮世風呂』（文化六〈一八〇九〉—十〈一八一三〉）の成立に影響をあたえたことは、前編巻頭にのべられているとおりである。すなわち、落語（当時は「おとしばなし」または「はなし」）の会話を模して『浮世風呂』はできあがったものであり、落語が登場人物の会話を中心

に構成されていたことを物語っている。

そのころの江戸の人口は百万をこえ、規模においても機能においても、世界で有数の大都市であった。町方人口と武家方人口はほぼ拮抗し、幕末には町方人口は五七万台に達したこともあった。また、その男女比は、町方で約二対一の割合で男が多かったとされている。武家方はいうまでもなく、江戸は男の多い社会であった。

江戸語といわれるものも、このような人口構成を背景に考える必要がある。天正十八年（一五九〇）の家康関東入国以来、東海・東山道の武士が江戸にはいった。都市としての江戸を整備するために必要な労働力は、おもに関東から補給された。ついで、京阪の商人が出店をかまえたり移住したりしてきた。そのため、江戸時代前半の江戸のことばは、東国方言の基盤のうえに上方ことばが覆ったものだったとされる。

それが融合して江戸語が独自の特徴をもつようになったのは、宝暦年間（一七五一―一七六四）だといわれる。そして、文化年間（一八〇四―一八）に至り、江戸語はその完成期をむかえた。ただし、それは成立事情もあいまって、二面的な性格をもっていた。一つは武士や上級町人に使われ、上方語の性格を残しつつ、全国にも通用するものであった。もう一つは中級以下の町人や職人に使われる地域語的な色のこいものであった。この時期には、前者を「本江戸」、後者を「江戸なまり」と称することもあった。たとえば、ヒをシになまったり、アイという母音連続がエーになったりするのは、後者の特徴であり、前者にはみられない。

職業的落語家が輩出し、寄席が普及した文化・文政期は、まさに江戸語の完成のときに当たる。しかし、当時の落語家がどのように噺を演じたのか、それがどのようなことばで演じられたのかをさぐる資料は、きわめて限られている。

次にかかげるのは、そのなかで当時の落語の演じかたを推測するに足る数少ない資料である。延広真治「落語家の歴史」（『落語界』7巻5号、一九八〇・一二）に紹介されたものである。四世鶴屋南北作の歌舞伎「時桔梗出世請《ときもききょうしゅっせのうけ》状《じょう》」の一場面で、山崎合戦の陣中で曽呂利新左衛門が一席噺をするという設定である。

扨《さて》はや、今日も相かわりませず、かよふにお出下さりますする段、有がたひ仕合せに存じ奉りまする。扨只今お聞きに達しまするはずんど短い誠にこわい恐ろしいお咄を申ませふ。これはかの播州の皿屋敷と申スお咄でござりまするが、毎度私が年若な時分でござりました。かの播州の屋敷町を夜に入て通りましたが、しかも赤松満祐の明屋敷辺でござりました。雨はしきりにふりまする。誠にしんのやみでござりましたゆへ、どふぞ提灯の明リをほしいものとぞんじて参た所、はるか向ふに明リが見へましたゆへ、その明リの方へ足をはやめていそぎ参て見ました所が。

（文化五年（一八〇八）初演、郡司正勝編『鶴屋南北全集』巻一による）

曽呂利新左衛門は太閤秀吉の御伽衆とされるが、ここでは戦国時代の咄を再現しようとする意図はなく、文化年間の落語を舞台で演じさせたとみてよいだろう。ただし、当時はマスが普通であった丁寧の助動詞の終止連体形が、…マスルとなっている点、ゴザイマスがゴザリマス（ル）と古い形を残している点、原因理由表現にユエが用いられている点などで、上方語的な特徴を残した、改まった言いかたとなっている。

これが化政期の落語のおもかげをうかがわせるものであることは、次の引用からたしかめられる。落語と関係のふかい資料に噺本があるが、可楽の門人である初代林屋正蔵（天明元〈一七八一〉—天保十三〈一八四二〉）は、可楽とともに多くの噺本を残している。そのなかには、冒頭に正蔵の口上がのっているものがある。

ハイ、申上げます。むかしからござります落しばなしの本は、短ひばかりで、御なぐさみがうすふござりますゆへ、わたくしが御座敷へ罷り出まするせついたします、ちつともさしあひなしのはなしを、此度出板いたし、御高覧にそなへまする。御ひゐきあつく御評判く

（林屋正蔵『ますおとし』、文政九年、武藤禎夫編『噺本大系』巻十五による）

先に指摘した上方語的な特徴がほとんどここにもみられることがわかる。つまり、このような口調は、口上などの改まった場面での表現である。可楽や正蔵は、もとは職人や商人であり、町方の出であった。ただし、改まったとこ

ろでは、このような言いかたができることは注意しておいていいだろう。

右のように、この期の噺本には、高座で演じたものをそのままに板行したと称するものがみられる。江戸の噺本は、安永年間（一七七二―一七八〇）ごろから上方の影響を脱し、独自の作風を示すようになるが、読み物であることにちがいはない。化政期以降は、この正蔵作の噺本のように、筋立てなどの面で、落語の成立過程を知るうえに興味深いものがすくなくないが、言語の面では書きことば化しており、口語資料としては価値のひくいものが多い。

そのなかで、比較的高座の語り口をのこしているとみられるものを、次にしめす。「角力《すもう》好きの亭主」という小噺である。

角力見物に行きしが、昼すぎに青くなつてうちへ帰り、亭主「かゝァどん。マア、水を一ッぱい飲ませて下せへ」。女房「おめへ、マアどうしなさつた」亭主「きいて下せへ。けふおれがひいきの角力が負けたから、おもわずそばにあるとつくりを投げたら、おおぜい角力取りがおつかけてくるによつて、よう〳〵うちへにげこんだ。小僧や、表を見てくれ。よもやモウ来やァしめへ」小僧「旦那。まいります〳〵。しかも黒雲と稲妻と雷《いかずち》がまいります」といへば、亭主「そいつァたまらねへ。かゝァどん、はやく蚊帳をつつて下せへ」

（可楽『種がしま』、文化八年ごろ、武藤禎夫編『噺本大系』巻十四による）

この亭主は、小僧を使っているところからみれば、中流の町人ではあろうが、大店の主人ではない。アイ→エーの現象はすべてにみられ、ドノ→ドン、オイカケテ→オッカケテ、ソイツワ→ソイツァー、キワシマイ→キヤーシメーなどの音訛や、形容詞の連用形が上方的なハヨーでなくハヤクとなっているところなど、町人の江戸ことばの特徴が全体にわたってみられる。女房も、オマエがオメーになり、オシナサッタでなくシナサッタを用いるなど、中流以下のことばづかいである。ただし、亭主の原因・理由表現には、カラとならんでニヨッテがみられ、上方語的要素ないしは書きことば的な表現も混在している。なお、話中の「黒雲・稲妻・雷」は、いずれも実在の力士・年寄の名である。

おそらく、実際の口演では、登場人物の会話はもっといきいきとしたものだったにちがいない。化政期から幕末に至る時期の落語は、このような小噺がいくつかつながり、しだいにストーリーをもつ長い噺になっていったものとおもわれる。そして、とりわけ滑稽噺（落とし噺）では、右のような江戸語の特徴がいかされた会話を中心に演じられたと考えられる。

三遊亭圓朝と落語速記

三遊亭圓朝（天保十〈一八三九〉—明治三十三〈一九〇〇〉）は、音曲師の子として生まれ、二代目三遊亭圓生に入門し、弘化二年（一八四五）に初高座に上がった。やがて、芝居噺（鳴物入り道具噺）の演者として人気者になった。芝居噺とは、最後が芝居掛かりになる人情噺のことで、書割やちょっとした舞台装置を使い、下座の伴奏がはいり、セリフも歌舞伎調になるものであった。このような芝居噺やその地となる人情噺は、世話物の歌舞伎台本が当時の江戸語資料として一級とはいえないのと同じく、口頭語的な性格はとぼしいといわざるをえない。明治維新ののち、圓朝は芝居噺をすて、扇子一本の素噺にもどるが、その創作の才によって名声を博した人情噺のほとんどは、江戸時代を舞台としており、芝居噺の語り口を残すものであった。以下に、その代表作『怪談牡丹燈籠《かいだんぼたんどうろ》』の冒頭の部分を引用する。

寛保三年の四月十一日まだ東京《とうけい》を江戸と申しました頃湯島天神の社《やしろ》にて聖徳太子の御祭礼を執行《いたし》ましてその時大層参詣の人が出て群集雑踏を極めました。茲《ここ》に本郷三丁目に藤村屋新兵衛といふ刀剣商《かたなや》が御座いましてその店頭《みせさき》には善美商品《よきしろもの》が陳列《ならべ》てある所を通行《とおり》かゝりました一人のお侍は（中略）侍「亭主や其処《そこ》の黒糸だか紺糸だか識別《しれ》んが彼《あ》の黒い色の刀柄《つか》に南蛮鉄の鍔《つば》が附いた刀は誠に善さそうな品だナ鳥渡《ちよつと》お見せ　亭主「ヘイヘイ、コリヤお茶を差上げな、今日は天神の御祭礼で大層に人が出ましたから必然街道《さだめしわうらい》は塵埃《ほこり》で嘸《さぞ》お困り遊ばしましたろうと

（圓朝『怪談牡丹燈籠』第壱編、明治17年、東京稗史出版社）

この『怪談牡丹燈籠』が有名なのは、これが当時普及し

はじめた速記法の宣伝をかねて出版されたことにもよる。これをきっかけとして、圓朝の人情噺が速記によりつぎつぎと出版された。速記法がどれだけ実際の口演を再現しているかについても問題がないわけではないが、先にのべたように、圓朝速記を同時代資料として、すなわち明治期の東京語資料としてあつかうことには留保が必要である。数多くの圓朝作人情噺のうち、明治の開化社会が背景となっているのは、『松と藤芸妓の替紋』、翻案物の『英国孝子之伝』『黄薔薇《こうしょうび》』の三作だけである。

圓朝の生涯は、江戸と明治の双方にほぼ半々にわたっている。これを言語の面からみれば、前半生は江戸語の完成期に当たり、後半生は東京語の形成期に相当する。徳川幕府の瓦解にともない、江戸の人口構成は一変した。旧幕臣の大半は江戸を去った。東京と名を改めた都市の武家方の居住地であった本郷・麴町・赤坂などには、明治新政府に出仕する、薩長を中心とする官員や新興の経済活動にかかわる人々が住みついた。これらの教養層は、江戸の武家ことばの特徴を受け継ぎながら、「山の手ことば」を形成するようになる。これが東京語の中核になっていく。一方、江戸の町人ことばの特徴は、下谷・神田・日本橋などの商業地や隅田川流域の住民に伝えられ、「下町ことば」と呼ばれた。やがては東京方言として消滅の運命をたどることになる。

『怪談牡丹燈籠』が出版された時期は、山の手ことばと下町ことばの分化が明らかになろうとしているころであった。『怪談牡丹燈籠』出版から五年後の明治二十二年（一八八九）には、演芸専門の速記雑誌『百花園』が金蘭社から刊行される。この『百花園』は月二回刊行で、十名程度の演者による長編の講談・人情噺が連載され、それにまじって落とし噺すなわち落語が掲載された。落とし噺には、明治の社会そのままが舞台となっているものも、すくなくなかった。

圓朝は、『百花園』に人情噺を載せていない。また、まともな落とし噺も演じていない。ただし、その埋め合わせに一口噺などと称して短い小噺を演じている。そのひとつを次にかかげる。

去る処に囲い者好きな旦那さまがありまして、方々へお楽しみが出来ますと、御妻君《ママ》が嫉妬家《やきもちやき》で御座いますから、囲い者のうちへ踏ン込みまして大暴れに暴れ、喰物を蹴散らかしたり飼つてある狆《ちん》を踏み殺したり致しますので、旦那も呆れたと見えまして、此頃はパッタリお楽しみが止みました。
妻「アノさんや、旦那は此節ほかのお楽しみが止んだようだネ」
さん「イ、エあなた、口惜《くや》しいぢやア御座いませんか、又お楽しみをアノ、佃島《つくだじま》へお拵へ成すツたんですとサ」
妻「オヤ……何んだツてそんなとこエ」
さん「何んだツて、あなたはお船がお嫌ひで御座いませう。佃島へは、船へお乗んなさらなければ行《ゆ》くことが出来ますまい。ホーラあなたは船へお乗り遊ばすと、真青に成つて震へてお仕舞ひなさるから、むかふへ行《い》つて暴れることが出来ないやう、お船でなければ行《い》けないやうナところへお楽しみをお拵へなすツて、ほんとにあなた口惜しいぢやアありませんか」
妻「ナニわたし三月のお節句は行《い》くヨ」
さん「なぜエ」
妻「潮が干て仕舞つたらわたしは膝越しでポチャポチャはいつて行いくつもりだヨ」
さん「どうしてあなた、旦那さえ首ッ丈で御座います」
（圓朝「落語《おとしばなし》」、『百花園』1巻3号、明治二十二〈一八八九〉・6）

これを噺本や人情噺とくらべると、当時の口語がいきいきと再現されていることがわかる。フミコム→フンゴム、オノリナサル→オノンナサル、オ…ナスッタ、オ…アソバスなど、江戸語からの連続性をもつ東京語的特徴がみられる。さらに、注目すべきは、（イタシマス）ノデ、（オ船デナケレバ）イケナイのような新しい東京語がみられることである。

原因・理由表現のノデは江戸時代末期から現われるが、明治前期ではあまり使われない。可能動詞の行《イ》ケルも同様で、この時代はまだ行《イ》カレルのほうが優勢であった。さらに、別種の新しい可能表現である（暴レル）コトガデキ（ル）までである。そのような表現が圓朝の口から発せられたものとして記録されたところに、速記雑誌の価値が認められるのである。

圓朝の門人である初代三遊亭圓遊（嘉永三〈一八五〇〉―明治四十〈一九〇七〉）は、『百花園』に多数の速記を残している。そのなかに、ことばの面から注目されるものがある。

大和屋のお袋は義理ある阿母《おつか》さんで、妾《わたし》の本当の阿父《おとつ》さん阿母《おかあ》さんが妾を根津の大滝と云ふ御家人の処へ遣はした処、瓦解のとき妾は芸妓に成ましたが、本当の阿母《おつか》さん阿父《おとつ》さんは有ません

（圓遊「成田小僧」、『百花園』3巻38号、明治二十三〈一八九〇〉・11）

江戸語における父母の呼称は、中流以上の町人ではオトッサン（またはオトッツァン）・オッカサンが普通であった。それがオトウサン・オカアサンにかわるのは、関西方言の影響によるとも言われる。国定教科書にそれが採用された明治三十四年（一九〇一）以降に急に広まったとされるが、山の手ことばの特徴とされるオカアサンがそれに先立つ十年前に下町ことばの話者により口にされているのは注目すべきことである。

東京落語の成立と東京語

右の圓遊は、『船徳』『野ざらし』など人情噺の改作、『素人洋食』などの新作で人気を得た。いずれも明治の世相を背景としたもので、口語資料として価値が高い。また、明治三十六年（一九〇三）にはじまった平円盤レコード（SPレコード）による録音が残されている。以下の引用は、この圓遊をふくめこれらのレコードの復刻盤により文字化したものである。

「こういう運がむいてきたときは何かひろうよ、こりゃァ。エー、へ何か落ちてりゃすぐひろう。どこかに金目なものァ落ちてぬか。オヤ落ちてたよ。男帯だとおもったら、電車のレーロ《ママ》でございますよ。また、落ちてた。ダイヤモンドかとおもったら、ぬかるみへ電気がうつったんだと。また落ちてた。おおきな敷布団が一枚落ちてたとおもったら、水道のふたでございますよ。ヨイトサ、オヤ、あ、いてえ。なんだいマア、おそろしいマア、なんだってマア、電車の柱へ頭ァぶ

つけてズーンとこたえたとこは、おれの商売がたいこだけに、こいつァおおかたむこうへ、当たったんでございましょう。」

（圓遊「太鼓の当込」、米国コロムビア盤、明治三十八〈一九〇五〉ごろ）

これは、幇間が鼻唄まじりに道を歩いているときの独白である。テイル↓テル、レバ↓リャー、コレワ↓コリャー、アタマオ↓アタマー、イタイ↓イテーなど、下町ことばの特徴がよくあらわれている。それとともに、「電車」「電気」「レール」「ダイヤモンド」などの漢語・外来語の使用も目だつ。これらは、新しい東京語であると同時に全国共通語にとりこまれていく語彙であった。

引用のすこし前に「てまえが今晩女房をもらうんでげす」というセリフがある。このデゲスは圓遊の口癖で、夏目漱石は圓遊を『坊つちゃん』（明治三十九〈一九〇六〉）に登場する画学の教師「野だいこ」のモデルとし、「御国はどちらでげす、え？　東京？　夫《そ》りや嬉しい。御仲間が出来て……私もこれで江戸つ子です」のように使わせている。ただし、これは圓遊の専用ではなく、同時期の他の落語家も使っている。

四代目橘家圓喬（慶応元〈一八六五〉―大正元〈一九一二〉）も、圓遊と同じく圓朝の高弟である。噺によっては圓朝より芸が上だとさえ称されたが、惜しまれつつ早世した。その能弁ぶりは、当時の音質の悪いレコード盤でもうかがうことができる。

学者「セイギョを持参しているか」

魚屋「富士の山うしろ向きに突っ立って、歌よんだ坊さんかい」

学者「西行ではない。セイギョをしらんところをみると、俗物メ」

魚屋「またはじまったね、何のこってげす」

学者「セイは青いという字。ギョは魚という字。青き魚でセイギョ。サバ（鯖）はなきかと問うたのに、魚《ぎょ》売《ばい》しながらしらんという（下略）」

魚屋「魚くさっちまわあ。冗談じゃねえ。塩物もっているんじゃねえやネ。ネエなまものだァネ。買うのか買わねえのかい」

（圓喬「魚売人」、ローヤル盤、明治四十二〈一九〇九〉

ごろ）

魚屋はセイギョといわれて、それを歌人の西行と誤解する。アイ→エーという下町ことばの音訛がセーギョ（ー）→サイギョーという誤った回帰に結びつく。また、魚屋のことばとしてデゲスが出てくる。さらに、「魚くさっちまわあ」では、テシマウ→チマウという下町ことばの特徴がみられる。明治の後半では、山の手ことばにテシマウ→チャウとなる傾向がみられる。チャウは東京語にとりこまれ、やがて下町ことばでもチャウがチマウを圧倒するようになる。

三代目柳家小さん（安政四〈一八五七〉—昭和五〈一九三〇〉）は、武家の出だったが、若いときから芸人の世界にはいっただけあって、ことばの上でその面影はまったく認められない。圓遊が改作・新作で江戸落語を一変させたとすれば、小さんは滑稽噺に人情噺風の描写をとりこむことで、東京落語形成に大きな役割をはたした。

酔客「おめえ、仕立屋の太兵衛、知ってるか」
うどん屋「エ、へへへ、存じませんで」
酔客「知ってるわけだがな。おれの一軒おいた隣にサ、仕立屋をだして…。いま、おれは…（不明）…行ってるが、娘に養子がきたんだ、知ってるだろう」
うどん屋「エ、へへへへへ、エー、存じませんでげす」
酔客「おめえは知ってるだろう。太兵衛とああいう仲だから、おれが祝い物をちゃァんとやったところが、今夜は当日で、きてくれてんで、ごちそうになっちゃったんだ、行って。エー、どうでえ、おめでてえじゃねえか」

（小さん「うどん屋」、ニッポノホン盤、大正五〈一九一六〉）

下町ことばが基調になっているが、「ごちそうになっちゃったんだ」と、テシマッタがチャッタとなっているのが注目される。

うどん屋のことばで「存じませんでげす」としたところは、「存じませんでがす」とも聞こえる。デゲスと同じくデガスも、デゴザイマスのくずれた形であり、下町ことばによく聞かれた。現代語で普通の言いかたであるデスもこの一種であるが、明治時代の後半から山の手ことばにとりこまれ、共通語として普及した。先に引用した『坊っちゃん』の「野だいこ」はデスも使っている。小さんより一世代あとの初代柳家小せん（明治十六〈一八八三〉—大正八〈一九一九〉）になると、まったく普通に使われている。

「ア、もしもし、あなたは芸者の専売局様でいらっしゃいますか。ハイハイ、わたくしは浜町のきさらぎ（如月）ですがネエ、ハア、きさらぎ。ハイ、そうです。あの、ただいまお客様がお二人おいでになりましてネ、三等芸者様をお二人というご注文でございます。ハアハア、ハア、……ハア？　いやア、願書《ねがいしょ》のところも、ただいま手続き中でございます。ハイ、アー、本人勤務処理しているそうで、ハアハア、ハア、では、どうぞ、なにぶんお早く願います。さようなら」

（小せん「専売」、独逸ライロフォン盤、明治四十四〈一九一一〉）

右の引用は、料亭の女将または仲居が電話をかけている場面である。小せんは新作もよくしたが、『明烏』『五人廻し』などの廓噺に傑出した演出を見せ、現在の東京落語の原型となっている。

小せんに稽古をつけてもらった、三代目三遊亭金馬（明治二十七〈一八九四〉—昭和三十九〈一九六四〉）、六代目春風亭柳橋（明治三十二〈一八九九〉—昭和五十四〈一九七九〉）や同世代の五代目古今亭志ん生（明治二十三〈一八九〇〉—昭和四十八〈一九七三〉）、八代目桂文楽（明治二十五〈一八九二〉—昭和四十六〈一九七一〉）などの明治生まれの落語家は、一九六〇年代に東京落語の黄金期を築く。それは東京語の特徴を存分に発揮した話芸であった。しかし、その伝統は、三代目古今亭志ん朝（昭和十三〈一九三八〉—平成十三〈二〇〇一〉）の早すぎる他界をもって絶えたといわざるをえない。それは、東京の下町ことばに支えられた落語の死をも意味しているのである。

移りゆく東京弁

田中章夫

江戸語の直系、下町ことば

すくなくとも、昭和のはじめごろまでは、「東京弁」というと、江戸ことばの伝統をうけつぐ、下町ことばをさしていた。たとえば、一九三三年（昭和八）に刊行された、日本放送出版協会の『ことばの講座』第一輯に、神保格が「標準語と東京弁」を執筆しているが、そこにとりあげられている東京弁は、つぎのようなものである。

▼早くしなくっちゃあ、遅くなっちまふ。▼あのひたぁ、病気だってエこった。▼何てエこってしょう。▼よござんすか／嬉しうござんす／さいでげす／さいでやす。▼御らうじろ／ごらんしゃい（老人）。▼ベランメー、何いってやんでエ。コンチキショー。▼あたい知らないわよーだ。▼まるっきしだめだ▼からっき

し成っちゃねェ。▼お客様がめえたから、オシバチにオシをもっといで。▼あのシトったら、ずいぶんシドイわネエ。▼自転車に乗っかってく。▼早くっから、あったかんなった。▼飯いくったら腹ア痛くした。▼そんなこたあねェ。

（二一〇—二一一頁）

「早くしなくっちゃあ」や「乗っかってく」などは山の手ことばにも見られるが、全体に下町風のことばである。
古い地図を見ると、江戸の山の手地域には、広大な武家屋敷が広がっているが、人口のうえでは、武家の人たちよりも、町人の方がはるかに多かった。[1] 明治になって、武家社会の崩壊のあと、各地から移り住んできた人々の多くが山の手に住みつき、在来の住人たちとの交流の結果、そこに、江戸語をうけついだ下町ことばとは、ひと味違ったことばが作りあげられていった。それが山の手ことばである。
「大阪ニ行く」「おそくなるノデ失礼します」の「〜ニ」「〜ノデ」なども、明治の山の手ことばで使われるようになったもので、[2] 江戸ことばには、ほとんど見られなかった。しかし、この種のことばは、そのまま、いわゆる標準語にうけつがれてしまったために、東京弁としてとりあげられることはない。また、明治の中ごろ、山の手の若い女性たちの間ではじまった「あら、いやダワ。よくってテヨ」とか「待ってるコトヨ。すぐ来テヨ」といった、いわゆる「テヨダワことば」も、東京風のしゃれた言い方として、各地の女性語にとり入れられてしまったために、[3] これも東京弁とされることはないようである。

こうした事情のために、東京弁といわれるものの多くは、下町風のことばであった。

下町ことばは、よく「江戸っ子だってねえ、スシ食いねえ」といった、いわゆるベランメエ調が、その特徴のようにいわれるが、これは、たいへんな誤解である。ベランメエ調は、落語でいえば熊サン八ッツァンのことばで、正統的な下町ことばは、大家のご隠居さん夫婦の語り口の方である。

ところで、近年は、寅さんの葛飾・柴又まで「下町」にされてしまっているが、本来、下町と呼ばれていたのは、旧十五区のうち、東側平地部の下谷・浅草・神田・日本橋・京橋・本所・深川の七区であり、山の手は、西から南に広がる台地一帯の、本郷・小石川・牛込・麹町・四谷・赤坂・麻布・芝の八区であった。しかし、ことばの面では、こうした地域的な対立だけでなく、下町でも勤め人の多い住宅街は山の手風であり、山の手でも商業地などのことばは下町風であった。

「山の手」対「下町」

東京のことばは、明治の中ごろに山の手ことばが形成されてから、大正末の関東大震災までは、山の手ことば・下町ことばに二分されて、両者の対立・均衡のもとに安定を保っていたとされている。[4] 山の手は「(誰も)コヤシナイ」、下町は「キヤシナイ」といった対立である。こうした対立も、震災とその後の大規模な区画整理によって、下町社会が大きな変貌を遂げた結果、次第に薄れていった。「コヤシナイ/キヤシナイ」の対立も、昭和のはじめには、若い人たちが、山の手風の「コヤシナイ」を好んで用いるようになって、崩れてしまったようである。[5]

この点で興味深いのは「(捨て)チマウ/チャウ」の対立である。近年は、「愛しチャッタ」は山の手、「愛しチマッタ」は下町という構図だが、これらは、いずれも明治のころ近県から山の手ことばに持ちこまれてきたものと考えられる。はじめに入ってきたのは、「〜チマウ」の方で、『當世書生気質』(坪内逍遥・明治一九)の、つぎの例などが、東京語としては、もっとも早いころのものである。

「僕ア王子《わうじ》なんぞへ往く気はなかった。昼の中をむだにくらす《ウエイスト》したもんだから、とう〳〵下読《したよみ》の間暇《ひま》がなくなっちまって、」(第十回)

「さつきアタイが座敷へ這入らうとするとネ、向うに誰やら寝て居るのを、（略）連の人だらうと思ッちまッて、」（第十四回）

やがて、「〜チャウ」も使われるようになり、明治期の山の手ことばには、両方とも見られるが、「〜チマウ」の方が優勢だった。夏目漱石の『吾輩は猫である』（明治三八）や『三四郎』（明治四一）に登場する山の手の人たちの会話にも、もっぱら「〜チマウ」が用いられている。[6] くだって大正期になると、山の手ことばは、急速に「〜チャウ」に傾斜していく。そうして、ほぼ、この時期に、山の手は「〜チャウ」、下町は、「〜チマウ」という構図ができあがったようである。

ところが、大震災のあと、昭和期を迎えると、下町でも若い層のことばからは、次第に「〜チマウ」は姿を消し、山の手風の「〜チャウ」に移っていく、昭和初期の下町ことばをリアルに描写している、豊田正子の『綴方教室』（昭和一二）や青島幸男の『人間萬事塞翁が丙午』（昭和五六）に出てくる、子どもたちのことばは「〜チャウ」であり、大人たち（といっても先生や巡査は別として）のことばは「〜チマウ」で、その対立がおもしろい。このあたりが、下町の「〜チマウ」の残照といえよう。[7]

「見レル・来レル」といった、いわゆる「ラ抜きことば」が、東京の山の手ことばで行われるようになったのも、大震災後の大正末から昭和のはじめごろのことである。震災の復興にともなって東京に移り住んできた人々によって持ちこまれてきたものと推定されているが、昭和十年代には、かなり使われるようになってきたようである。[8]

東京語の変貌

一九四九年（昭和二四）、空襲の傷あとが各所に残る東京の町で、国立国語研究所が、東京語の調査を実施している。これは、山の手の四谷・牛込地区と、下町の浅草地区の小学生（三〇〇人）と成人（四八人）を対象に調べたもので、その結果、「坂」のアクセントが、山の手の「サカ」に対して、下町の「サカ」と、はっきり対立していることが明らかにされた。(9) さらに、小学生の調査結果では、「ヒバチ（山の手）／シバチ（下町）」「オヒサマ／オシサマ」「ヒト／シト」「ヒビヤ／シビヤ」「カミナリ／カミナリ」については統計的に意味のある差が出ている。しかし、さきに述べた「コヤシナイ（山の手）／キヤシナイ（下町）」の対立や「マッスグ／マッツグ」「足リナイ／足ラナイ」「ツメタイ／ツベタイ」「ヤッパリ／ヤッパシ」などについては、いずれも、はっきりした違いはとらえられなかった。(10) こうしたことからもわかるように、太平洋戦争後は、山の手と下町のことばの対立は、一層稀薄になってきた。これは、いうまでもなく、関東大震災から二十年にして、下町社会が再び戦災の大打撃を蒙むった結果である。戦後の下町は復興とともに、次第にビジネス街に姿をかえ、下町ことばの特色や伝統は衰退の一途をたどった。

一方、山の手の方は、戦後の復興とともに、爆発的な人口増に見舞われ、昭和三十年代には、西郊地区を中心に団地群が出現した。その後も続いた、人口の東京一極集中は、近県各地にベッドタウンを生み出した。こうした団地やベッドタウンのことばは、在来の東京のことばとは、かなり異質なようである。在来の東京の人たちの日常のことばは、山の手・下町を問わず「落ッコッチャッタ」「乗ッカンナイ」「知ッタコッチャナイ」といった、いわゆる東京弁だが、そうした色彩のきわめて稀薄なことばである。かつて、都心部と近郊部の高校生を対象にして「だれもキヤシナイ」「この試合に勝つッキャナイ」「経験してみナケリャアわからない」などの東京弁的な言いまわしを使うかどうか調べたことがあるが、その結果は、近郊部の高校生の東京弁からの離脱を物語るものだった。(11)

また、近郊部では「行くンジャナイカ」を「行くノトチガウカ」と言ったり、「行かナクチャイケナイ」を「行かナイトイケナイ」と言ったり、在来の東京ではあまり使わない言い方を耳にすることも多い。「行キマセンデシタ」に対する「行かナカッタデス」[12]の形や、「手伝いもシナイデ〜」に対する「手伝いもセンデ〜」の形なども、近郊部に多い言いまわしのようである。[11]

このように東京周辺の団地やベッドタウンには、東京弁離れした、「首都圏ことば」とも呼ぶべきものが生まれつつあるように思われる。

注

(1) 杉本つとむ『東京語の歴史』中公新書、二五七—二五八頁
(2) 鶴岡昭夫「近代口語文章におけるニとへの地域差」『中田祝夫博士記念論集』、原口裕「ノデの定着」『静岡女子大研究紀要5』
(3) 金田一春彦「東京語の特色」『言語と文芸・1』
(4) 松村明「東京語の成立と発展」『江戸語東京語の研究』東京堂
(5) 永田吉田郎「旧市域の音韻語法」『東京方言集』国書刊行会
(6) 飛田良文「完了の助動詞『ちゃう』の成立」『東京語成立史の研究』東京堂
(7) 田中章夫「『言いシマウ』から『言ッチャウ』へ—江戸語東京語の完了形」『近代語研究・7』
(8) 中村通夫「『来れる』『見れる』『食べれる』などという言い方についての覚え書」『金田一京助博士古稀記念論集』三省堂、神田寿美子「見れる・出れる」『口語文法講座3』明治書院
(9) 国立国語研究所年報1 「東京方言および各地方言の調査研究」
(10) 田中章夫『東京語—その成立と展開』明治書院、一二六—一二七頁
(11) 田中章夫『標準語』誠文堂新光社、二一〇—二一一頁
(12) 田中章夫「(行き)マセンデシタから(行か)ナカッタデスへ—打消・過去の丁寧形の推移」『言語学林』三省堂

インタビュー………

方言は死なず

伊奈かっぺい

書いた段階で方言ではない

——最近『でったらだ消ゴム』（大きな消しゴム）という本を出版されました。これまでに書かれた詩だけでなく、昔話や香具師の口上まで、いろんな種類の文章が津軽弁で、しかもすべて手書きで載っていますね。

ちょうど日本語ブームですから便乗できるかと思いましてね（笑い）。手書きだといろいろと書いている人間の個性も文字にでてきます。私自身はまるで絵を描いている気持ちで文字を書いているので「文字を描く」と言ったりしています。

——よく方言は書きことばには馴染まないのではないかといわれますが？

そうですね。この本もやはり声に出して読んでもらいたいものです。

じつはこの本には方言のレベルに応じた松竹梅三種類の文体の「桃太郎」を載せています。「松」は「日本昔話」程度で、イントネーションを変えて読めば津軽弁を知らなくても理解できます。「竹」になると、一部の単語を津軽独特のものに変えてあるので、少し気をつけて聞かないとわかりません。最後の「梅」までいくと、これは早口で読み上げられると地元の人でもついてくるのが難しいような、ハイレベルな津軽弁です。方言にも難易度というか、段階があるんです。

——ただ、実際に声に出して読み上げるにしても、一度文章化したものをきちんとした方言の発音やイントネーションをつけて読み上げるのは難しそうですね。

確かにそうです。

実際、芝居の台本にしても方言で書くこと自体が難しいし、それを読み上げるとなると方言の持っている独特の味わいまではなかなか伝わらないものです。

山形県の三川町という場所で一九八七年から「全国方言大会」という催しが続けられているのですが、あるときゲストに呼ばれていた永六輔さんが怒り出したことがありました。

それは各地の方言で一つの芝居を演じる出し物で、若い役者たちが紙に書いた台詞を読みあげていたのを見たときでした。「書いた段階でもう方言ではないし、ましてそれを読んでいるようでは、これはもう方言ではないんだ」と永さんは言うわけです。

——一度書きことばに直したことで方言の持ち味がなくなってしまうということですね。

たとえば私が方言で文章を書いても、そのままで読まれるわけではないんです。

たとえば東北のことばの発音では、シとス、イとエの混同が顕著で、それにルビを振ったりするぐらいのことで正確に文字に表すことはとうてい無理なんです。書くといっても、この発音はスに近いかシに近いか、自分の話すことばに照らし合わせながら、とりあえずメモしているようなものです。これをもしNHKのアナウンサーにきちんと読んでもらったら、それは方言でも何でもなくなるでしょう。

――話しことばが文章化されて、もう一度それを読み上げられたときは、もう最初の話しことばとは違ったものになっている。

たとえば民謡の歌詞などそうなのですが、文字にしてみるとたいていは七五調、五七調になっていますね。ところが津軽民謡の歌詞には、読んだ限りではそうなっていないものがあるんです。ところが歌手が歌っているのを聞いてみると、ちゃんと七五調、五七調になっているんです。促音を入れたり撥音を入れたりしてちゃんと呼吸を整えているんですね。それを一度文字にしたところで、次にそれを歌う人はもともとの歌を知らない限り、同じようには歌えないんです。

方言は死なず

――いま、書きことばはたいていが共通語ですね。それだけに方言をそのまま文章化すること自体、かなり骨の折れる作業ですね。

そうですね。私自身、何かを書こうとしているときに、たまに共通語でモノを考えそうになっている自分に気づいてハッとすることがあるぐらいですから。

高木恭造さんの『まるめろ』とかが収録されている『津軽の詩』という本に、小野正文さんという私の高校時代の恩師が解説を書いています。それによると方言詩を書こうとしたときに、いまの若い人は共通語で方言詩を考える。しかし思考回路が方言でなければ本物の方言詩は書けない、一度共通語で考えてから方言に直して書かれた詩など、「えせ方言詩」だと言うんです。

――ただ、現実の問題として方言が共通語に駆逐される部分は大きいですね。

若い人たちがそうですね。私が属している劇団でも、若い役者にはイントネーションや発音から教えなければいけないことがあります。

最近、青森でも語尾に「じゃん」をつける子どもが出てきました。ただ、基本が津軽弁ですから使い方を間違ってることが多いんです。「いい天気だべ、じゃん」なんて言ってます（笑い）。でもそれは可愛いものです。

そういう部分では、たしかに共通語の影響はあります。

伊奈かっぺいさんの新刊手書き本『でったらだ消ゴム』の本文ページ。
自作詩のほか、津軽弁翻訳の「日本国憲法」や
「四畳半襖の下張」なども収められている

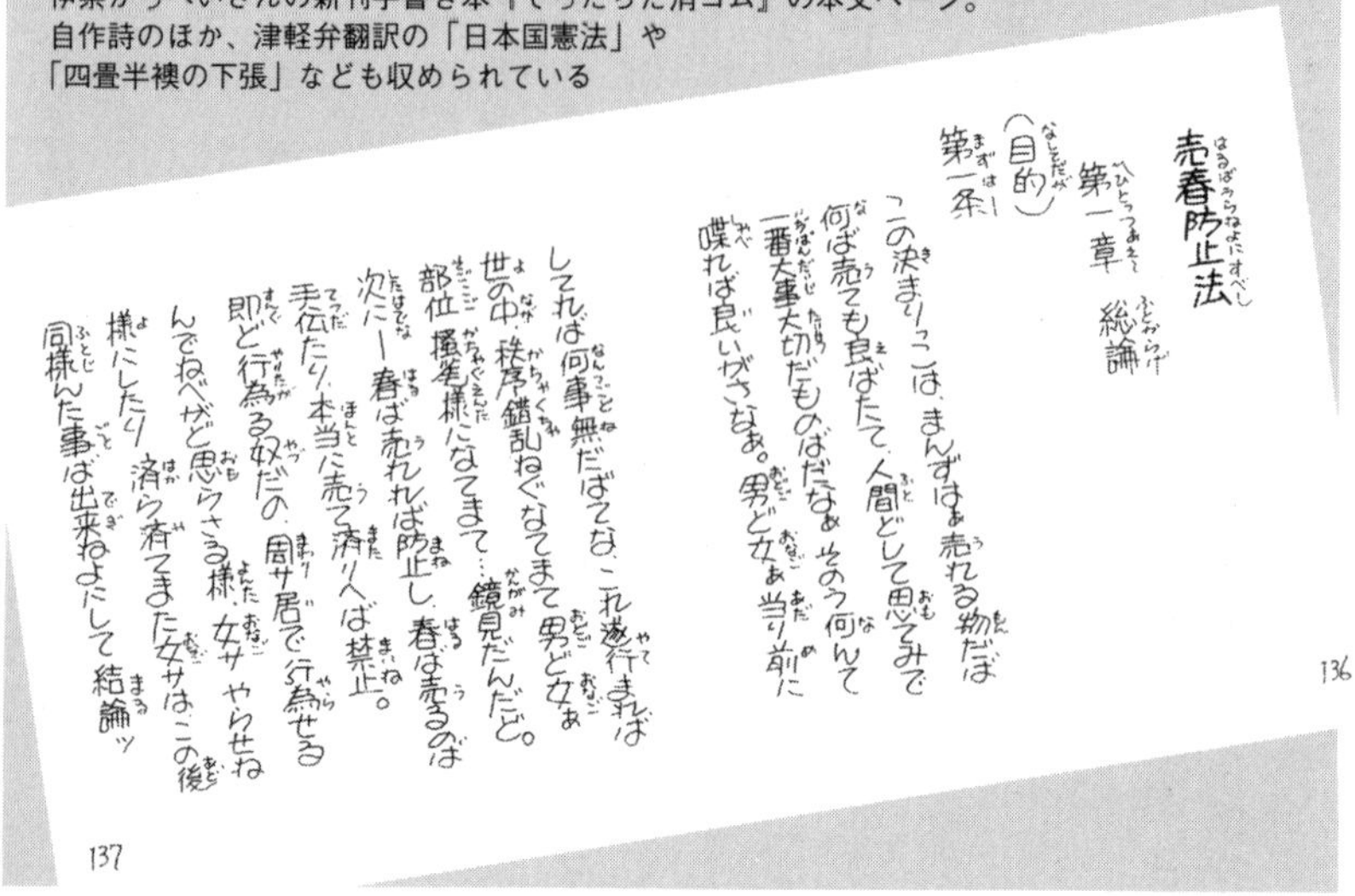

売春防止法《はるばみらねよにすべし》
第一章《ひとつあえて》　総論《ふとがらげ》
（目的《なしとだが》）
第一条《まずは》！
この決《き》まりっこは、まんずはぁ売《う》れる物《もん》だば
何《な》ば売《う》ても良《え》ばたて、人間《ふと》どして思《おも》てみで
一番大事大切《いちばんだいじたいせつ》だものばだなぁ　その何《な》んて
喋《しゃべ》れば良《い》いがさなぁ。男《おどご》ど女《おなご》ぁ当《あだ》り前《め》に
してれば何事《なんごと》無《ね》だばてな、これ遂行《やて》まれば
世《よ》の中《なが》、秩序錯乱《かちゃくちゃ》ねぐなてまで男《おどご》ど女《おなご》ぁ
部位　攪乱様《かちゃくちゃえんだ》になてまて…鏡《かがみ》見だんだど。
次に一　春《はる》ば売《う》れれば防止《まね》し、春《はる》ば売《う》るのば
手伝《てつだ》たり、本当《ほんと》に売《う》て済《また》りへば禁止《まいね》。
即《すぐ》ど行為《やりたが》る奴《やつ》だの、周サ居《まわりじ》で行為《やら》せる
んでねべがど思《おも》らさる様、女《おなご》サやらせね
様《よ》にしたり、済《はが》ら斉《が》てまた女《おなご》サはこの後《あど》
同様《ふとど》んた事《ごと》は出来《でぎ》ねよたして結論《まる》ッ
136
137

だいたい七〇～八〇年代ごろには「二〇〇〇年までに方言はなくなる」などと言っていた人が結構いました。

でも実際はたいして変わっていません。

――一時の流行のような？

若い人たちは耳新しいことばを面白いと思って使うわけです。それはメディアを通じて入ってくる流行語と同じように、若い人が新鮮さを感じて使いはじめることばが古い方言の中にもあります。そういうのは新しい方言として定着するかどうかはわかりませんが、とりあえず新しい流行として入ってきているものだと思います。

方言は曖昧な表現の宝庫

――この本の中に日本国憲法第九条とか売春防止法が津軽弁で書いてありますが、難解な法律関係の文章など、津軽の人にはこっちのほうが理解しやすいかもしれない。

たぶんね。ただ法律の文章って、最初から拡大解釈がしやすいようにじつに曖昧に書かれています。「何々に鑑みて」とか「適正に行う」とか。だいたい共通語は曖昧な語

彙が方言に比べて少ないのに、その共通語をベースにした書きことばを使って曖昧な内容を表現しようとしているのですからわかりにくくなるのは当たり前です。

言ってみりゃ、私はその読みにくい書きことばを方言の話しことばに直してみたわけです。改めて法律の文章のわかりにくさを痛感しました。

――曖昧な表現、微妙なニュアンスはやはり方言の得意な領域ですね。

津軽に「もつけ」ということばがあります。これを共通語に直すのはとても難しいのですが、強いて言えば「愛すべきバカ」ですか。大阪のアホに似た雰囲気ですね。やっていることはアホでもどこか憎めない。場合によっては多少誉めているようなニュアンスが含まれます。明らかに悪口なんだけど、言われた本人は案外喜んでいる――。

そんな曖昧模糊とした意味合いのことばは共通語には見当たらないですね。やはりこれは方言の得意分野です。

――と言いますか、曖昧さは日本人に共通の感覚ですね。

この国の人はもともと曖昧が好きなんでしょうね。大阪弁の「ボチボチ」じゃないですけど（笑い）。

私の好きな小噺で、アメリカ人が「イエス・オア・ノー」と迫ってきたときに、日本人が「じゃあオアにしてください」と（笑い）、そういうのがあります。好きですねえそういう曖昧さは。

はっきり言わない。政治家の「善処して対応する用意がある」なんていうのは困りますけど。

でも曖昧というのは日本の文化なのだと思います。大阪弁の「考えときます」なんてどっちに考えていいのかわからない。アメリカ人には理解できないでしょうねえ。

津軽には「うるがす」ということばがあります。もともとコメを研いでからしばらく水になじませておくことを言うのですが、日常会話ではすぐに回答できないから「うるがしておこうか」といった使い方をします。まあ留保する、に近い意味です。これなど日本人の気質をよく表していると思います。結婚式の招待状がきても、あまりすぐに欠席の返事を出したらよく検討していないんじゃないかと思われるからまあ、二～三日うるがしておくかと。それもうるがすのは自分だけじゃないから、ま、いいか、と。

共通語は言語の五線譜

――相手が邪推するかもしれないから、二～三日うるがしておけばいいだろう、人もやってることだし、そういうその想定自体、ものすごく曖昧ですね。

まあ宗教にしたって、教会で結婚式を挙げ、葬式で仏様を拝み、七五三を神社で祝う国民性ですからね（笑い）。ものを思考するときの感覚にしても、いま苦しくてもまあ二～三ヵ月もすれば楽になるだろうとか。三内丸山古墳の年代測定が「紀元前四〇〇〇～五五〇〇年ぐらいでしょう」とか説明されてもちっとも気にならない。一五〇〇年は長いはずなんですが。

そういう発想も行動も曖昧な人間がつくってきた言語なんですから、当然曖昧なことばもどんどんできてきたのでしょう。でも、結局そういう曖昧なことばが、曖昧な日本人には使い勝手がいいんです。

方言は何十年、何百年という長い歴史の中で、自然に無駄なことばは淘汰されて、使い勝手のいいことばが残っていまに至っているわけです。共通語がそんなに使い勝手を考えてつくったことばとは思えませんね。

――意図的というか、最小限の意味は伝わることば、という感じがします。

共通語と方言の関係は音楽の五線譜と邦楽の関係に似ています。

たとえば邦楽の楽器で言うと、三味線などにギターのようなフレットはありません。音階の中にドレミから外れる音がたくさんあるわけです。横笛などもそうですね。邦楽の音階を正確に五線譜に表すことは不可能なんです。お年寄りが歌っている民謡もそうですね。

私はその五線譜が、文字でいうと共通語の、とくに漢字ではないか、邦楽や民謡が方言ではないかと思うんです。

以前、北島三郎さんの『函館の女』が楽譜どおりに歌われているのかどうかを調べてみたことがあるんです。

実際にテープに録音したドの音、レの音、ミの音を長さを調節しながら楽譜どおりにつなぎ合わせて聞いてみたわけです。すると聞こえてきたのは北島さんの歌うのとは似ても似つかないそりゃあひどいメロディーでした。

つまり演歌歌手って楽譜通りではない歌い方をしていたんですね。そりゃあ〝こぶし〟とか〝ゆり〟なんて楽譜に表現できないでしょうから。共通語も、同じように微妙なニュアンスや味わいとなる部分が表現しにくいことばに思えるのです。

つまり、歌もことばも極端なことを言えば記号にすべきではなかったのかな（笑い）。

ことばに正邪なし

——でも共通語はなくては困ることばでもあります。

つくる必要があったからつくったことばなのですから、なくなっては困ります。

ただ、まあ私にとっては津軽弁が母語のようなもので共通語は外国語に近い（笑い）。どうしてそんなに違うのかといえば、津軽弁は生まれたときから両親に聞かされ、学校に行っても周囲がみんなそのことばでしゃべっていたことば。文字を覚える以前に耳から入ってきて体で自然に覚えたことばです。まさに母語です。

それに対して共通語はいずれ話せるようにならないと苦労するだろうと、ラジオなどで学んだことば。そこが大きな違いですね。第一外国語と同じですよね。

——でも、いまだに共通語＝きれいなことばと思い込んでいる人も少なくない。

ことばはきれい汚い、正しい正しくないではかれないものです。

もっとも悪いことばって何なんだろうと思います。方言が汚いというのはおそらく丁寧な言い回しがないとかいうふうに思われているからなのかもしれませんが、丁寧語も尊敬語もあるわけです。各地方の方言にもある。

逆に共通語にも人を罵倒することばもあり、方言に人を誉めることばもある。要するに、ことばそのものの良し悪しではなく、使っている人の人柄の良し悪しにすぎないことなんです。

無知な日本人が国際人になるんだといってアメリカに行き、そこで英語を覚えたところで、英語で日本の文化を説明することはできません。英語が話せるから国際人というわけではないのです。同じことで、共通語を話しているからそれはいいことばをしゃべっているということにはなりません。方言であっても共通語であっても、問われるべきは自分の考えをきちんと述べることができるかどうかなんですね。

――冒頭では方言は結局なくならなかったし、以前とほとんど状況は変わっていないとおっしゃいましたが、今後もそれは変わらないとお考えですか？

たとえば鋤《すき》、鍬《くわ》、箕《み》といった道具についた名前は、その道具そのものがなくなればことばも一緒になくなるでしょう。でも精神的な表現に使われることばは、いましばらく……あ、曖昧ですね（笑い）、とにかく、しばらくは残っていくと思います。たぶん一〇〇年、二〇〇年は変わらないと思います。

知り合いの考古学者が言うには、いまから何千年も昔の三内丸山の人たちの暮らしって、物質的なことを除いたらいまとそう変わらないよ、と言うんです。嫁姑の軋轢もあったでしょうし、恋愛の悩みもあったでしょう。そういう面でのことばはずっと生きていくと思います。

だから何年に一度か日本語ブームが起きて、そのたびに日本語が危ないとか方言が絶滅するぞとかいう議論が起きますが、その精神の部分は基本的にはほとんど変わらないものだと思います。

また何年かしたらブームが再来するのでしょうけど、そのときにも同じようなことを議論していると思いますよ（笑い）。

「新方言」とは何だ？

井上史雄

方言地図の様変わり

方言を研究しているとなれば、本棚は方言資料で埋まる。ところが、壁が方言手ぬぐいや方言のれんで埋まるかというとそうでもない。貼ってあるのは色々な地図である。じつは壁にはもう余裕がないので、天井にも貼り付けてある。衛星写真によるカラー地図を天井に貼り付けて上を見上げると、スペースシャトルから地球を見ているような気分になれる。一杯きこしめせば、無重力状態さえ味わえるから、安あがりのバーチャル宇宙飛行ができる。

地図の中に、もちろん方言地図もある。さまざまな色や形の記号を使って、全国の方言分布の様子を示してある。ところが昔の方言地図は色鮮やかに塗りわけられたのに、いまの若い人の方言地図は面白みがない。全国どこでも共通語と同じ言い方が使われて、ほぼ一色に塗られるのだ。それはわかりきっているという人がいるかもしれない。

「いまはテレビのインタビューで登場する人は、かなりへんぴな土地のご老体でも、ちゃんとわかることばを使う。前は東北や九州・沖縄の人のことばには字幕付きなんてことがあったけど、いまはむしろお笑い番組で都会の若い人のことばに字幕を付けているではないか。もう昔の各地独特の言い方は消え去った」こう考えてしまうが、じつは例外がある。いくつかのことばについては、いまでも新しい方言の言い方が生まれて、若い人の間に広がっているのだ（余談だが、お笑い番組の中で面白いところを字幕で強調するという手法は、関西の某テレビのお笑い番組で始めたそうだ。『全国アホバカ分布考』の著者松本修氏の私信による）。

新方言の実例

新しい方言が生まれていることをわかってもらうには、実例をあげる方が話が早い。「そうじゃのう」などというときの「じゃ」は、かつて西日本（ことに中国地方以西）で広く使われていた。ところがいま若い人は「じゃ」をやめて、「そうや」のように「や」を使う。関西弁を取り入れているのだ。同様に「行かなかった」を西日本では「行かなんだ」「行かざった」などと言っていたが、いまの若い人は「行かんかった」という。「行かなかった」なら共通語だが、「行かんかった」は関西でできた言い方だ。

東日本でも老人が「よかんべー」と言っている地域で若い人が「いいべ」と言い変える例がある。「わからない」を「わかんない」のようにいうのは、東日本の若い人にかなり広がっている。関東方言起源の言い方で、共通語といえないことばが広がる例だ。東京の近くの栃木県・群馬県のあたりでも、「どーんと」（ぶつかる）などの「と」を若い人が「り」に変えて、「どーんり」（ぶつかる）のようにいう。こういうのは、共通語でない言い方が新たに広がっているので、「新方言」といっていい。

こんな変化に気づいて、面白いと思って報告したら、その後あちこちの人が類例を調べてくれた。九州や関西はじめ西日本の方言では、若い人がお年寄りと違う言い方に変えるとしても、東京中心の共通語に変えずに、地元の方言の中で新しい言い方を生み出したり、関西弁の影響を受けた言い方を取り込んだりする。これまでは昔の方言がなくなるときには、共通語に置き換わるだけだと、思い込んでいたが、別の方言に置き換わるプロセスが（いまでも）あるのだ。

東京新方言

以上のように、共通語・標準語とはいえないことば、文章では使われないような俗っぽい言い方が、新しく生まれて広がるのが、新方言だ。さらに地方で生まれた新方言が、標準語の本拠地、東京に入り込むこともある。「いいじゃん」などの「ジャン」は、かつて静岡県から横浜経由で東京に入ってきた。「違かった（違っていた）」、みたく（みたいに）、いくない（良くない）、見ちった（見てしまった）」などは、北関東の方言から入って東京の若者のことばになった。「うざったい（わずらわしい、うっとうしい）」は多摩地区のことばが都区内に入ってきたものだ。いまは全国に広がり、ウザイという短縮形まで生まれている。ほかに、「ペケ（最後尾）、ゴムダン（ゴム跳び）、ウチンチ（自分の家）、ケンケン（片足跳び）、ピンタ（ビンタ、平手打ち）、行かなきゃだから（行かなければいけないから）、メンドッチイ（面倒な）」なども、十数年前に実地調査して以来増える一方である。

「ヤッパシ・アンマシ・バッカシ・サッパシ」など、「〜リ」から「〜シ」への変化の類例は色々ある。中部地方から入ってきたらしい。「ナニゲニ・サリゲニ」はもっと最近の流入だ。

最近全国の中学校の協力を得て、生徒と父兄の方言分布の資料が得られた。その中の例をさらにあげると、「割り込み」を表す「ズルコミ」は、東京と近県の若者に使われるようになった。一方、「ヨコハイリ」は全国的に使われるようになった。

こんなふうに東京のことばは、昔もいまもまわりのことばを取り入れている。新方言、新しい方言というと、縁遠い存在という感じがするかもしれないが、意外と身近な存在なのだ。

新方言の思い出

一九七〇年代に北海道の方言調査で新方言という現象に気づいてから、これまで夢中で新方言をテーマとして追究してきた。一体いつごろ意識したのだろう。自分自身でも記憶はさだかでないが、いまにして思えば、幼いころの山形県鶴岡市の暮らしの中で体験していた。

一つの思い出は、母に「庄内おばこ」の歌詞の意味を聞いたことである。はやしことばに「こばえちゃ　こばえちゃ」というのがあるが、意味がわからなかったので聞いたら、母は「来ればいいな」の意味だと答えた。「〈来ればば〉をいまは〈こえば〉と言ってるが、昔は〈こば〉と言ったのだ」と教えてくれた。しかし、腑に落ちなかった。方言は大昔から同じはずなのに、昔といまで違うなんてあるんだろうかと、不思議に思った。

また大学に入ったあと帰省して、地元のお年寄りと話して、ジャンケンのかけごえを自分たちが「ソーヤノエシ」と言っていたと言ったら、「それは鶴岡弁ではない、本当は〝キッキノキ〟だ」と言下に否定されて、不満に思ったことがあった。自分では完璧な鶴岡弁の話し手と思い込んでいたのだ。しかし、方言が少しずつ変わって、老人と若者に差ができることには、考えが及ばなかった。

学問的興味としては、学生時代に柴田武先生の下北半島方言調査についていって、ある集落の老若の年齢差を調べたのが、新方言の初体験だった。「くすぐったい」にあたる言い方が「モチョコイ」から「モチョカリ」に変わったのが確かめられた。

その後、出身地鶴岡のことばを聞いてまわったときに、中学生が「雪道が固く凍ってすべりやすくなった状態」を「テッカリ」と答えたときも、信じられず、何度か説明をやり直した。「テッカリ」というのはもとは「斜視」の意味だったと教えて、中学生の「間違い」を正そうとしたのだ。ことばの研究者としては、いま思い返しても恥ずかしい。大学で「言語変化は常に起こり、いつも徐々に進む」と学んでいたのに、自分の方言と違う言い方をほんの少し年若のものが使うとは信じられなかったのだ。

しかし地元で老若さまざまの人から方言について話を聞いて、グラフや表にしてみて、納得した。方言の世代差が意外に大きく、しかも若い人の採用している言い方が必ずしも共通語に向かうだけではないということが、はっきりした。また江戸時代以来の方言資料と現代の方言をくらべてみて、鶴岡の方言が昔から少しずつ変わってきたことがわかった。

それを足がかりに北海道や山形県で大規模な調査をして、たくさんの類例があることがわかって、「新方言」と名付けたのである。

新方言と隠語・スラング

ある言い方が新方言かどうかを判定するには、三条件にあてはまるかどうかをみればいい。まず、①年齢差。若い世代で増えているか。これは、老若の言い方を知っている地元の人なら、判定できる。次に、②文体差。普段のことばか。これも地元の人に聞けばいい。改まった場面で使うかどうかは、大勢に調査しなくても見当がつく。最後に③語形。標準語形か否か。これは調査者が辞書で確認すればすむ。

実際には大勢の人に聞いて、①の使用率の年齢差を集計して論じることが多い。そうでもしないと、いまでも新しい方言が生まれて、広がっていることは、一般の人にはなかなか信じてもらえないのだ。

いまでも、流行語や隠語・スラングを取り違えているのではないかと、聞かれることがあるが、新方言は明らかに違った性格を持つ。流行語と違ってあきられてすぐにすたれるということはない。隠語・スラングと違って、一部の人が使うだけではないし、別に面白みのある言い方ではない。上にあげたいくつかの例のように、ごくありふれた言い方で、しかも文法現象が混じる。文法的な流行語・隠語・スラングは、まれにしか生じないのだ。

新方言の現在と将来

というわけで、新方言という実体が確かにあるということは言える。これまで集めた実例約一〇〇〇語は、インターネットのホームページでも公開している。しかしなお疑いが残る。新方言は、共通語化の進む中間段階の過渡的現象ではないかという不安である。最近西日本の新方言の報告が増えたが、東日本からは少ない。東日本の方言では東京からの共通語普及が盛んなので、もう新方言を生む力がなくなったのではないかとも疑われるのだ。

しかしその不安は杞憂だった。故郷鶴岡市出身の学生が卒業論文などの形で、取れたてほやほやの新方言を報告してくれた。こちらは故郷を離れてン十年、最近の鶴岡弁のことはよくわからないのだが、大学生が、高校時代のことばを親や周囲の人のことばとくらべて、いまでも新しい方言が生まれていると、教えてくれるのだ。そして現地調査をして論文にまとめてくれる。自分で汗水たらして歩きまわらなくとも、実証してくれるのだから、ありがたい限りだ。

ローカルな話で申し訳ないが、実例をあげよう。鶴岡では前は共通語と同じように「ぶつかる」と言っていたが、近頃の鶴岡の若者は「ブッカル」という。また、「二人シカット　コネケ」（二人しか　来なかった）のように「シカット」というが、もとは「二人ガト」だった。さらに「みたいだ」を「（山）ミデンダ」のようにいうが、元は「ミデダ」だった。ほかにもいくつか報告されている。

こうしてみると、東日本の新方言の報告例が少ないのは、生まれた土地に住み続けて方言を継続的に観察できる研究者が少ないためではないかと、思われる。

読者のみなさんも思い出してほしい。これまで親子の間でことばの違いに気づいたことはないだろうか。「その言い方はおかしい」と親に注意された（子に注意した）ことはないだろうか。その違いは全部流行語や隠語・スラングの類だったろうか。または共通語化への動きだったろうか。これまでの資料を総合すると、どの地域でも、東京を含めて、数個から十数個の新方言が観察されている。

新方言の現代的意義

ところで、新方言としての全国の報告例をみると、ちゃんと変化の原因の説明がつくのが多い。要するに新方言は、歴史上連綿として続いてきた言語変化の現代版なのだ。言語変化の常として、簡略化・明晰化という原因が見つかる。このように理由があるときは、変化を途中でとどめることは難しい。

さて、新方言が言語変化の一種として昔からいつも続いているとしたら、どうしていま特別の名称を与えて研究する価値があるのだろうか。答えはすでに書いたとおり。現代は圧倒的な勢いで共通語化が進んでいるからである。常識に反した別の動きは注意を引く。また、新方言は、考えようによっては、有史以前からの自然な形の言語変化の観察装置でもある。ことばが、なぜ、いつ、どこで、誰の手で、どんなふうに変わるのかを、具体例をもって細かく観察できる。生き生きした進行中の言語変化を目の当たりに見られるのだ。現場をみる喜びは他に代えられない。

新方言の心理的効用

最近、インターネット・電子メールが普及し、ポケベル・ケータイ、有線テレビ・衛星テレビと、我々をとりまくコミュニケーション環境が一変した。ことばを使う相手はもはや地理的に近くにいる人とは限らない。

そんな中で、ローカルな新方言は埋もれ、忘れられ、滅びるのではないかと、心配される。しかし意外に新方言は元気だ。実際に顔を合わせての対人・対面コミュニケーションは、テレビなどにくらべ、印象が強く、影響力が大きい。それに、ある地域に住んでそこに定着しようとする人にとっては、そこの地元のことばに合わせることが重要だ。いじめ・村八分に合わないように、とけこむためには、相手と同じことばを使う方が有利なので。だとすると、地方の若い人に新方言が普及するのは、当然といえる。山形県の中学生の調査では、将来首都圏に住もうという生徒は共通語に傾き、将来Uターンして地元に住もうという生徒は新方言に傾くという結果が出た。遠い将来の人生計画が中学生のことばに影響を与えている。

人はカメレオンのようなもので、自分の周囲の人に合わせようとする。ことばは自己表現の手段だし、無料で瞬時に取り替えのできる便利な化粧品だから、まわりに合わせるのはそう難しくない。地元志向・仲間志向の若者は、固苦しい共通語・標準語に向かわずに、仲間内のくだけたことばとしての新方言を受け入れて、親しみのわく集団を作りあげるのだ。このように心理的には、仲間との付き合いを大事にする人には、新方言は絶大な効果がある。

こう考えると、新方言はここしばらくは命脈を保つと考えてよい。方言研究は大昔のことを扱う古めかしい学問と感じられるかもしれないが、逆である。若い人の身近なことばを扱い、使用状況を調査し、心理的背景を探り、コンピューターで処理して、関連性を探るなど、先端をいく新鮮な研究分野なのだ。また若い教え子が、大威張りで指導教官を指導できるまれなる分野でもある。

参考文献

・井上史雄『方言学の新地平』(明治書院)
・同『日本語ウォッチング』(岩波新書)

対談

永六輔の日本語修行

永 六輔・矢崎泰久

書く「文字」としゃべる「言葉」

矢崎　永さんはずっとラジオをやっているけど、ラジオは言葉で成り立っているわけですよね。

永　言葉だけしかないですね。サウンドという括り方をすれば、音楽も効果音もあるけれど、でもやはり基本は言葉ですね。

矢崎　しゃべるときには、文字を思い浮かべているんですか？

永　文字にした段階で分からないものは、しゃべっても分からないんです。文字にして読み下せれば言葉にできるけど、それは我々が活字先行で育ってきているから。

今の若い人は、そうじゃない。でも、文字は文字なりに、言葉は言葉なりに、我々が思いも寄らない表現の仕方で通じさせたりしてるでしょう。例えばEメールはその一例だけど、Eメールのやり取りで人が死んだり殺されたりというのは、文字を信じるからですよね。

矢崎　文字でしか伝わらないものというのも、当然ありますね。

永　『編集会議』だったら、とりあえず雑誌ですから文字に置き換えておく。そのときに、文字なんだけど音声が聞こえる、という考え方が非常に少ないんですね。活字文化って。

「書かれた言葉」を「聞こえる言葉」に置き換える作業は、簡単であればあるほど広まりますよね。歌の世界はまさにそうです。言葉にしたときに歌いやすいか、歌って気持ちがいいか。文字づらは綺麗だけど音にしたら聞きづらいということはいくらでもあるし、その逆もあります。

矢崎　先日、小室等さんに聞いたんですが、「ドレミという音階には日本語は乗らない」と。

永　おっしゃるとおりです。でもそれを言うなら、発音・発声からいって、ドイツ語の方が乗らないですよ。でもドイツのオペラは立派だし、ドイツの歌曲もいっぱいある。もうそこまでいくと、文字を音にするのが上手いか下手か、芸の問題です。例えば、三波春夫は上手いですよ。

『編集会議』で一度実験してほしいんですけど、対談とか座談会の記事に「(笑)」って書くじゃないですか。あれは何のために書くのかな。あれがなくたって、おかしいものはおかしいんですよ。でも逆に、大しておかしくないのに「(笑)」っていっぱい入れておくだけで、すごくおかしくなっちゃう。それは、「笑」という字が持っている力ですね。

でも、どういうふうに笑ったかは聞こえていないわけですよね。「がはは」と笑ったのか、「うふふ」と笑ったのか。本当は、「声にならない笑い」とか「かんらからからと笑う」とか「腹を抱えて笑う」とか、もっと細かく説明していなきゃいけないんですよ、文字を中心にするなら。だから一度、試してみたらどうかと。

耳に心地いいか心地よくないか

永　「日本語」と言ったときに、それは言葉だけに限るのか、文字に限るのか。同じ日本語の文字でも、楷書なのか草書なのか行書なのかによって、ニュアンスが全部違うじゃないですか。それと同じで、「声に出す日本語」というブームがあるけれども、あれは日本語の一部の表現に過ぎないんですよ。

矢崎　全部それで済ませてしまうのは危険ですよね。「声に出して言えば、全部通用するんだ」という考え方は。

永　そりゃあそうです。黙読したって、通じるものは通じる。

矢崎　よく日本語が乱れていると言われますが。

永　「乱れてる」とか「正しくない」というのは、本当は違う。一言で言ってしまえば、「耳障り」だと思うんです。

文法的に間違っていたら、耳障りでしょう。話す人が風邪を引いていたら、耳障りでしょう。あらゆる意味で、耳に心地いいか心地よくないかで評価するならいいけれども、「ら抜き」に代表されるように、「本来そういう言葉遣いはなかったはずだ」なんて論争しているのは、とてもくだらない。

矢崎　理解できるかどうかが大事。でも、理解できるから何でもいいというものではないでしょう。

永　理解できるかできないかということで言えば、日本語を習いたての外国人が、たどたどしく日本語を使っているのは、日本人はとても理解できる。でも日本語を使いこなせる外国人が出てくると、不愉快なんだよね（笑）。

子供も同じ。やっと言葉を理解した、幼稚園くらいの子供の言葉から論じないとね。本当に必要なことを、無駄なく言っていますよ。大人になると、言い回しとか装飾語とかが増えてきて、曖昧になる。

矢崎　言葉というのは、頼りすぎてもいけないし、おろそかにしてもいけないっていう難しさがありますね。

日本人の曖昧さは日本語の曖昧さに通じる

ちょうど『編集会議』の五月号が出るころ、『おばあさんの家』という韓国映画が公開されます。偶然ですが、言葉の話なんです。

聞こえない、しゃべれないおばあさんがいて、そこに小さな子供が預けられる。もちろん言葉が通じない。そのおばあさんと子供が、どうやって通じ合っていくかっていうストーリーです。言葉がなくても大丈夫ってことなんですよ。符号とかサインとか手話とかがあれば。

だから、口から出てくるリップランゲージと、ボディランゲージとかサインランゲージとか、全部「言語」としてまとめて考えれば、全然違ってくると思うんです。

永　一言で傷つけることもできるし、一言で人の命を助けることもできますからね。

矢崎　永さんが個人的に、好きな日本語って何ですか

永　ありません。いい言葉でも嫌な奴が使えば嫌にしか聞こえない、ということはありますよ。

それから、使い手と同時に、使う場所も大事。僕がラジオをやっていて、ときどき言われるのが、「永さんは長い放送をやると、主語が『俺』になったり『僕』になったり『私』になったりする。何か理由はあるんですか」と。変えようとして変えてるんじゃないんだけど、そのときの雰囲気や流れで変わるんですよ。男言葉・女言葉の使い分けもしていますね。

ラジオというのは、対面で話しているわけではなくて、聞いているなかに子供もいれば年寄りもいる、違う国の人もいるかもしれない。色々な考え方をしている人が、ラジオの向こうにいるとすれば、やはり放

送で使う日本語は、変わってきますよ。

矢崎　言葉というのは、最初は会話ですよね。誰もいないところで一人でしゃべっても仕方ないわけだから。

永　でも、そこは難しいところで、「最初から言葉だったろうか」というのは疑問なんですよね。僕は、最初は歌のようなもの、あるいは吠えるとか鳴くとかで、それが整理されて言葉になるまでに、自分たちの言葉以外で伝えてきた時代があると思うんです。

　例えば万葉集というのは、あの時代に使われていた古い言葉を漢字に当てはめて書いてるでしょう。万葉仮名ですね。万葉仮名の文字自体には、意味がないんです。「この字はこうやって読むんだ」と覚えていた人が、「この言葉とこの文字は同じだな」と重ねながら書いていった。本来漢字というのは、漢字一つひとつに意味があるけれど、意味がないのが万葉仮名ですからね。

矢崎　象形文字と言われるものが、「文字」だったかどうかは分からないですね。

永　そうです。子供に習字を教えるとき、よく「楷書をしっかり書いておかないと、行書や草書は書けないよ」と言いますよね。でも本来の歴史から見たら、草書が最初なんですよ。草書が行書になって、最終的に楷書になる。その方が理屈に適っているでしょう。

　「川」という字の場合、くねくねっとした三本線の川を表現したものがあって、だんだんきちんとした「川」の字に変わっていく。それが理解されていない、きちんと教えられていないと思います。

矢崎　日本語でしか表現できないことってあるんでしょうか。

永　日本語の場合、主語のないケースが多いですよね。「俺が」「私が」という主語がないから、責任の取りようがない。広島の平和記念公園にある原爆慰霊碑に、「過ちは繰返しませぬから」と書いてあるでしょう。「誰が」「誰に」というのがないわけです。

　それはそのまま小泉首相の台詞。あの人の言葉には主語がないから、「あなたが『誰に』言ってるの?」って聞かないと分からないんです。

　それに比べて、「Ｉ」と「ｙｏｕ」とか、「トワ・エ・モア」でもいいけど、主語が優先している国と、主語のない国の差は歴然としている。例えばブッシュは「俺が攻める」って言うけど、「様子を見ながらついていきます」というのは、主語がない国の台詞でしょう。日本人の性格の曖昧さというのは、日本語の曖昧さに重なってきますからね。

コトバの自己規制

田中章夫

一

沖縄返還やノーベル平和賞受賞で名を残した佐藤栄作元首相は、「ニッポン」にこだわった政治家でもあった。一九六五年九月一〇日の閣議で、翌年の一月から郵便切手に「NIPPON」を刷りこむことを決めたのに端を発して、国名呼称の問題が、ひとしきりやかましく論じられた。このあたりの事情を、一九六五年一一月一日付の朝日新聞（朝刊）は「決め手にかける論争――ニホンかニッポンか」と題して、つぎのように報じている。

日本はニホンなのかニッポンなのか、早急に統一しようと佐藤首相がいい出したのは九月十日の閣議。この日、郡郵政相が、「万国郵便条約の改正があったため、来年一月から郵便切手には国名としてローマ字で

NIPPONと刷りこむことになった」と報告した。（略）その場で郵便切手の「ニッポン」は一応了解したが、ことは国名にかんすること。「このさい、すっきりさせたら……」ということになり、首相が事務当局に検討を指示したわけである。現行憲法制定の時に、金森国務相が「両方とも通念として認められる」と国会答弁したことがあるが、いらいこれが政府の公式見解とされていた。だからこそ佐藤首相の発言がちょっとした波紋を起こしているわけだが、どうやら首相自身は〝ニッポン派〟のようである。国会の所信表明はじめ公式な発言では、つとめて「ニッポン」と発言している。

（「追跡レーダー」欄）

後年、雑誌『言語生活』（一九七〇年・八月号）に、湊豊子さんが、ラジオ放送に登場した人びとの国名呼称の実態を調べて投稿しているが、その中に「佐藤総理と語る」という番組も採りあげられている。この番組に出演した、佐藤首相・木川田一隆・高坂正堯の三人が口にした国名呼称は、佐藤首相の発言を含めて、ほとんどが「ニホン」であったという（「ニホンかニッポンか」六三ページ）。

江戸落語に「しの字嫌い」というのがある。店の主人が縁起をかついで

「おまいに言っておくが、うちでこれから、しの字はいっさい禁じることにするよ、いいか。（略）昔からしの字はいいことィ使わない。『死ぬ、しくじる、しじゅう仕《しや》合わせが悪い』という。（略）もし粗相《そそう》で一《しと》つでも言えば、給金はやらないからそのつもりでいろ」

と店の者に言いわたす。しかし、店の者は、

「四《よ》貫、四《よ》百、四《よ》十、四《よ》文」

などと切り抜けてしまうので、主人の方が思わず、

「こいつしぶといやつだ」

と叫んでしまう咄である。

（東大落語会編『圓生全集・別巻・下』青蛙書房）

自分のことばをコントロールしていくのは、なかなかむずかしいことのようである。

二

言葉づかいにたいへんやかましい、エッセイストの阿川佐和子さんは、友人から「うるさばあさん」と呼ばれているという。その阿川さんが、最近、「連載しているインタビュー記事のゲラが送られてくると、ときどき自分の言葉に愕然とすることがある」として、こんな経験を語っている。

「『○○ちゃった』『ウッソー』『とか』が多くて、受け応えが軽薄すぎるので訂正したい」

担当の編集者氏に告げると、

「これ、全部、アガワさんの発言通りです」

「いや、使った覚えないぞ。作ったでしょ」

「いいえ、使ってます、使ってます。気づいていないだけです。テープを聞き直しますか?」

私を「うるさばあさん」呼ばわりする友人のせせら笑いが聞えてくるようで悔しい。

（「気づかぬ言葉」一九九八年三月・三省堂『ぶっくれっと』）

わたしにも似たような経験がある。三、四年前、ある大学で「標準日本語」についての講演をした時、話題が東京弁の「行ッチャッタ／行ッチマッタ」に及んだせいか、送られてきた速記録に「変わッチャイました」「なッチャッタんです」と、やたらに「〜チャッタ」が出てきて、われながらあきれてしまった。人前で話をする時には、「〜チャッタ」には気をつけているのだが、やはり、ことばの自己規制というものは、なかなか思うようにはいかないものである。

明治の文法学者・大槻文彦は、国定教科書の「尋常小学読本」に全面的に採用されて、当時、急速に普及しつつあった「〜デス」を徹底的に嫌った人だった。

「デス」「デシヤウ」なんといふ動詞は昔は侍の家などでは決して使はなかつた。近頃では「デゲシヨウ」「ゲス」なんといふ下びた詞まである。「デス」といふのは「デゴザリマス」を胴斬りにしたので不具な言葉である。動詞で打消しの附けられぬ詞は見たことはない。「ゴザリマセン」とはいへるが、「デセン」「デスレバ」なんとはいはれまい。元来、幇間や芸人がしやれにいつたのを今では上流社会が使ふやうになつた。

（一九〇〇年・明治三三・一〇月一五日発行『教育公報』二四〇号）

といった具合である。

「〜デショウ」「〜デシタ」などと活用のある「〜デス」は、幕末の江戸の町人男女の間で使われ始めたもので、別に遊里や狭斜の巷に限られたことばではないが、高名な医家に育った大槻博士には、やはり耳ざわりだったのだろう、こうした「デスたたき」をあちこちで演じている。

一九〇五年（明治三八）六月に、上野女学校で行った「日本方言の分布区域」と題する課外講話でも、

「です」に就て注意しようと思ふ事がある。此の「です」といふ言葉は明治維新前までは江戸で侍は勿論町人でも遣はなかつた卑しい言葉であつた。（略）文化年中の三馬の「浮世風呂」の中にも医者の言葉に「です」と遣つてある。随分古くはあるが、芸人言葉で軽薄な口調で「でげす」などといふ言葉と同じで「でげす」は卑しい言葉と誰も認めるであらう。吉原の茶屋女芸者なども此の「です」言葉を遣つたもので素人になつても此の言葉が出て咎められて困つたものであつて、扨《さて》此の言葉が今の世に一般に行はれるやうになつたのは明治維新の後、官軍の御国侍《おくにざむらい》が江戸へ出て新橋あたりで芸者などの言葉を聞て遣ひ始めて、終《つひ》に一般に用ゐるやうになつたものと思はれる。此事に就て拙者は逢ふ人毎に話してかやうな軽薄な言葉は世の中

にやめさせたいと思つて居るが、最早《もはや》致し方が無からう。斯く申す拙者なども巻き込まれて気がつかずに遣《つか》ふハヽヽ。そこで此の言葉は東京から起つて今では県庁兵営のある所、郡役所学校鉄道ステーション近辺の旅籠屋《はたご》など云ふやうな所で遣つて全国到る所に行はれて来た。

（『風俗画報』三一八号・一九〇五年・明治三八・六月一〇日発行）

と述べている。ここで興味深いのは「斯く申す拙者なども巻き込まれて気がつかずに遣《つか》ふハヽヽ」というくだりである。これだけ毛嫌いしていても、ことばの一般化の波には、うちかちがたいものらしい。

去年の六月だったか、学生が教育実習でお世話になっている高校を訪問したさい、先生のお一人が、ラ抜きことばは嫌いなので、使わないつもりだが、生徒と話していると、いつの間にか「ミレル・コレル」を口にしている自分を発見して、ギョッとすると言っていらした。その時、大槻文彦の「〜デス」の話をしたら、たいへん面白がられて、右の『風俗画報』のコピーを求められたのを思い出す。

三

有名な話だが、フランス文学者で京都学派のリーダーとも称された桑原武夫さんは、生前、「何々と思われる」という言い方を、殊のほか嫌っていたという。お弟子さんの山田稔さんも追悼談で、このことに触れて

桑原先生がとくに嫌いな表現、言葉使いというのがありまして、それは「何々と思われる」という言い方です。「こういう思われるなどという言い方は自分の発言に対する責任の回避であって、大体逃げ腰である。実際にものを書く以上は、もっとしっかりと自分の言うことについて自信を持って書かなければいけない。思われるでなくて、私は思う、あるいは何々である、というふうに断定的に書くべきだ」と、そういうこと

をおっしゃいました。

（杉本秀太郎編『桑原武夫——その文学と未来構想』淡交社・七二ページ）

と述べている。

ところが、桑原武夫著『文学入門』（岩波新書）の冒頭は、「文学は果たして人生に必要なものであろうか。この問いは今の私には何か無意味なように思われる」と書きおこされている。これもよく話題になる。桑原流ならば「無意味のように思う」とか「思うのである」になるはずだというわけである。

センテンスを「思われる」「考えられる」「見られる」あるいは「期待される」などの形で結んで断定を避ける言い方は、西欧語の翻訳に由来する、いわゆる翻訳調の一つで、明治のころ隆盛をきわめた演説などで広まってきたものらしい。その後、話し手・書き手の客観的立場を表明する言い方として、新聞や放送で愛用され、報道文・論説文の慣用的な文体となっていった。しかし、この表現は、ともすると無責任なニュアンスを伴うために、その乱用は、しばしば戒められてきた。それでも慣用化が進んでくると、つい、それによりかかってしまいがちである。桑原さんの主張は、そうした安易なマンネリズムに一石を投じたものであった。しかし、これだけ慣用が固定してしまうと、桑原さんならずとも、それを避けて文章を書くのは容易でない。

四

名著『古寺巡礼』（岩波文庫）で名高い哲学者の和辻哲郎さんが、幸田露伴の思い出を語ったなかに、つぎのような一節がある。

さしづめ思ひ出すのは、「なければならない」といふ言ひ廻はしについて先生のいはれたことである。この言ひ廻はしがひどく目立つて来たのは、ちやうど関東震災前後の時代からであつた。（略）わたくし自身もこの言ひ廻はしが著しく目立つて来たことには気づいてゐたが、しかしこれが格はづれの用法であるとは全然思ひ及ばなかつた。先生の説明によると、「なければ」は「なくあれば」のつまつたものであるから、「ない」で受けることはできない。「あつてはならない」「なくてはならない」といふことはいへる。しかし「あればならない」といふ人はなからう。それは、「もしさうであれば、かくかくであらう」といふのが、「なければ」の普通の用法である。それは、「もしさうでなければ、かくかくでなからう」といふ用法と対になる。もつとも後半の受ける方の文章はどう変つてもよいのであるが、とにかく「なければ」「あれば」は一つの条件を示す言葉であるから、それを「ならない」で受けることはできない筈である。これが先生の主張である。

（「露伴先生の思ひ出」、『文学』一五巻一〇号・一九四七年一〇月・二〇ページ）

「～ナケレバナラナイ」という形そのものは江戸語の時代から行われているが、「(慎重であら)ネバナラナイ」や「(行か)ネバナラヌ」などに代って、「～ナケレバナラナイ」「～ナクテハナラナイ」といった形が、文章の世界に急に広まったのは大正期になってからなので、文語調の文章に親しんできた、幸田露伴などにとっては、やはり目ざわりな言いまわしだったのであろう。

しかし、和辻さん自身は、この露伴の「ナケレバナラナイ格はずれ説」について、

先生が「なければならない」といふ言葉に出会ふごとに感じられたやうな不快な感じを、わたくしたちは感じないばかりか、そこに新しい表現が作り出されてゐるやうにさへ感じてゐたのである。しかしわたくしは、一度先生に注意されてからは、この言ひ廻はしを平気で使ふことができなくなつた。それでも不用意に使ふことはあるが、気がつけば直さずにはゐられないのである。さういふことをわたくしはほかの人に要求しようとは思はない。どんな破格な用法を取らうと、それはその人の自由である。日本語の進歩も多分さういふ破格な用法からひき起されるのであらう。さうあつてほしい。しかしわたくしは破格を好まない。

と述べている。「ナケレバナラナイ」が破格か否かは別として、当時としては、まだ珍しかった、この表現に言葉の変化をかぎとって日本語の進歩にまで目を向けているところは、さすがである。さらに「さうあつてほしい。しかしわたくしは破格を好まない」という結びは、ことばの自己規制のあり方に、一つの見識を示したものといえよう。

（前出「露伴先生の思ひ出」二二ページ）

わちき

中学の同級生に、めちゃくちゃかっこいい女の子がいた。頭が小さく、すらっとして、スカートが長かった。たしか女子バスケットボールの部長だった。いつも取り巻きの男の子や女の子を引き連れて、堂々と校内を歩いていた。同じ年齢のはずなのに、いくつも上に見えた。

彼女には彼女だけの自称があった。「わちきはさ、宿題なんかやらないぜ」「何読んでるのかい、わちきにも見せろよ」。小気味いい男言葉と自分を「わちき」と呼ぶ口調は、彼女の低い豊かな声質と相まって、ますますかっこいい。同性から見てもずば抜けて魅力的だった。だれも真似することなど出来なかったし、彼女の前で真似する勇気もなかった。「わちき」は彼女だけに許された自称であり、彼女の存在すべてが特権的だった。

わちき【私】（代名詞）（「わたくし」から変化したもの）自称。江戸の芸娼妓の用いた語。町家の娘が用いることもある。（『日本国語大辞典』第二版）

辞典とは、いつも忘れかけていたことばと電撃的に出会う不思議な装置だ。わずか何行かの語釈のなかに、何者かになろうとあがきつつ、いまだ何者でもなかった時代の遠い過去が生きいきと詰まっている。

わたしにとって「わちき」は、娼妓言葉でも町家の娘言葉でもなく、永遠に彼女だけの美称だ。

（妹）

「詩のボクシング」と日本語ブーム

楠かつのり

二〇〇二年五月二十六日に東京・千代田区にあるイイノホールで第二回「詩のボクシング」全国大会が開催された。「詩のボクシング」とは、ボクシングリングに見立てたリング上で二人の〝朗読ボクサー〟が自作朗読を行い、どちらの声と言葉がより他者に届いたかをジャッジが判定する「声と言葉のスポーツ」である。この第二回全国大会では、北は北海道から南は九州・熊本までの十六道県の地方大会を制したチャンピオン朗読ボクサーが集い、トーナメント方式で闘う。会場では、立ち見を含め約八百人の観客が、その闘いの行方を見守ることになった。

「詩のボクシング」は、勝ち負けの効用もあってのことだが、他者の声をしっかり聞くことや自分の言葉を声にして伝えるコミュニケーション能力が高まることが評価され、一般参加の場に留まらず、今や小、中、高等学校などの教育の現場においても全国的な広がりを見せている。

朗読ボクサーたちは、さまざまな表現形式（詩、短歌、俳句、川柳、作詞、散文、エッセイ、日記、童話、等々）を用い、既成の朗読方法のみならず語り、漫談、講談、詩吟、舞踏、お経、腹話術、ラップなどを織り交ぜた独自の方法で自分の言葉を声にしている。他にも説教節、うんちく・含蓄自慢、テキ屋口上、モノローグ芝居、紙芝居、アナウンサー実況放送風といったユニークな手法で朗読をする朗読ボクサーもいる。

ルールは簡単で、自作朗読を肉声のみによって行うこと。少し細かく説明すれば、まずは先攻となる青コーナーの選手が、レフェリーの合図でゴングが鳴らされると同時に朗読を始め、制限時間である三分以内にその朗読を終える。続いて後攻の赤コーナーの選手が、同じ条件で朗読する。朗読が終わると、二人の内のどちらの声と言葉がより他者に届いたかを七人のジャッジが青色または赤色のプレートを手にして示し、勝敗を決する。これが一試合と数えられる。

今回のような十六人によるトーナメント戦では、一回戦、敗者復活戦、二回戦、三回戦（準決勝）、四回戦（決勝）を経てチャンピオンが決まることになる。試合総数は十六試合。チャンピオンになるには、少なくとも各回戦の四試合全てを勝ち抜かなくてはならない。

地方大会も年々盛り上がりを見せ、第二回全国大会に至るまでの地方大会予選参加人数は千二百人を超えた。わたしはその全ての人の声を聞くために全国を駆け巡っているのだが、その場その場での朗読の指導のみならず、今日の日本人の声の様相を見聞させてもらってもいる。

声の年齢も、高知大会チャンピオンとなった中学三年生の福島路人《ふくしまみちと》選手（十五歳）から山口大会において滋味深い言葉でベスト8に進出した八十七歳の和田健《わだけん》選手までと実に幅広い。このように老若男女が出会い、年齢を超え性別を超えて自分の言葉を声にして楽しめる場が他にあるだろうかといつも感心する。

全国大会には観客も、全国各地からやって来てくれる。すでに次回の全国大会には、沖縄が初の参加を決めている。新たな地域の参加で、どのような人の声が聞けるのか、今から楽しみでもある。

第二回「詩のボクシング」全国大会の会場

前置きはこれくらいにして、その日の会場にご案内しよう。会場を隅から隅まで埋め尽くした小学生からお年寄りまでの観戦客が、試合開始のゴングを今か今かと待ちわびている。

予定時間を少し押して客電が落とされ、スポットライトがすでに顔なじみとなった日本朗読ボクシング協会専属リングアナウンサーのパブロ・サンチェス・松本を照らし出すと、観客はどよめき、「おーっ!」と歓喜ともとれる声を漏らす。

初代チャンピオンの若林真理子の朗読による「闘いの歌」やジャッジ紹介などのオープニングセレモニーが終わると、いよいよ地方大会を制した十六人のチャンピオンがステージに上がる。二代目の北海道チャンピオンが誕生したのが二〇〇一年の六月初旬だから、第二回全国大会に至るまでにはこの日でほぼ一年になる。

各地方大会の厳しい闘いを制したチャンピオンたちは、さらにトレーニングを重ねたのだろう、皆の顔には自信が漲っている。

そして、いよいよ一回戦の第一試合が始まる。リングアナウンサーが声高に二人の選手をリングに呼び入れる。青コーナーは、富山大会チャンピオンの作道《つくりみち》さとし選手（三十一歳）、赤コーナーは熊本大会チャンピオンの矢羽田《やはた》主《つかさ》選手（二十八歳）だ。先攻は作道選手。初っ端の朗読はプレッシャーも大きい。だが、身体に圧し掛かる緊張感を吹き飛ばすかのように、作道選手は「I love baby!!」と叫び、朗読に入った。

彼はまず自らの声で、冷たい風が寂しい街角を吹きぬけるような効果音を作り、「吐く息も白く凍り付くぐらいの寒い夜、一輪の幻の花が美味しく咲きました。ラーメンの花」と朗読を始める。その後、特技の声色を生かしながら、幻のラーメンの花が咲くまでの様子を人の生活の営みと重ね合わせながら描く。彼は第一回全国大会にも出場してベスト4まで勝ち残っている。その経験もあってか、実に落ち着いた朗読を披露した。

対する矢羽田選手は、「酒を飲まないと生きていけない奴がいる」と演歌風な言葉から朗読を始める。その声はしゃがれており、「世の中と今日も折り合いがつかない」と嘆く。その声には、すでに人生を深く経験したかのような趣がある。声とは面白いものだ。ただ残念だったのは、後半で嘆きがぼやきになってしまったところだ。ジャッジ判定は6対1で作道選手を勝ちとした。

続く第二試合は、岡山大会チャンピオンの内藤繁子《ないとうしげこ》選手（五十七歳）の先攻だ。彼女は、岡山県の建部町で、三十五年前から小さなパーマ屋を営んでいる。その店での人との交わりを声にする。しかも岡山弁でのミュージカル風の歌が挿入された華やかな朗読だ。彼女の自然体の岡山弁が、観客の身体を温かく包み込む。「詩のボクシング」は、地方の風土や気候に培われた生活力を感じさせる方言の良さを堪能できる場でもある。

内藤選手に対するは、山形県の酒田市でラーメン屋を営んでいる山形大会チャンピオンの鈴木康之《すずきやすゆき》選手(四十八歳)。彼もまたラーメン屋での人との交わりを声にする。ちなみに、鈴木選手も作道選手同様、二年連続して全国大会出場を果たした朗読ボクサーだ。結果は、笑いを誘ったコミカルな朗読法が受け入れられたのか、4対3の僅差で鈴木選手が勝利した。「詩のボクシング」は、この二人のように様々な職業に就いている人たちが参加して、職業声の百花繚乱ともいえる場にもなっている。

そして、第三試合。赤コーナーに地方大会の中で最も激戦となった福岡大会を制した倉地久美夫《くらちくみお》選手（三十七歳）が登場する。この強敵に対したのが、宮城大会チャンピオンの大里尚子《おおさとなおこ》選手（二十二歳）。ここでは倉地選手の朗読内容を少し詳しく紹介することにしよう。

彼はまず自己紹介を始める。「初めまして、えっとー、わたくし倉地といいます。子どもの時には名字がクラチというものですから、当時は根暗とかいった言葉が流行っていて、根暗チとかいわれて、どちらかというと一人遊びをよくしていました」。続いて彼は、出身地である福岡県甘木市の地名を挙げて、「そこには秋月城下町に至る道があり、その道を県道なのに私道だというおじさんがいた。そのおじさんはバス停のことをバス駅といっていたので、自分も小さいときからバス停のことをバス駅というようになった」。「職場でバス駅というと、同僚に笑われてしまった」。「そのバス駅に少し前に行ってみたんです」と淡々と語る。ところが、その後、彼の声が豹変する。明らかにステージ用の声だ。実は彼は、建築会社で働く傍らシンガーソングライターとしての活動もしている。「こんなところに今も動きそうな三十人バス。あきらかに乗り捨てられて二十年は経っている。からっからに乾ききったパンクタイヤ。油が少し染みついた後部座席。多分、住み着いた野いちごに遠慮しているんですよ。そんなお父さんのように優しい三十人バス……」。観客は彼の声の先に現われる言葉の世界へと急速に引き込まれる。そして、動くはずもないと思っていた廃車のバスが、「バックオーライ」の車掌の声とともに動き出すところで終わる。会場には指笛が響き渡り、観客は上半身を席から半ば浮かすようにして大きな拍手を倉地選手に送った。

対する大里選手は、一粒の葡萄を地球に喩え、その存在を甘美なものへ置き換えることを試みたが、葡萄という視覚的イメージに少しこだわりすぎたようだ。かすかに震える声がかろうじて彼女の詩の世界を支えていたが、ジャッジは、地球が葡萄一粒に置き換わる斬新な比喩を強く求めたのではないか。判定は、7対0で倉地選手を勝ちとした。

試合は進んで一回戦第六試合。青コーナーには三重大会チャンピオンの川村透《かわむらとおる》選手（四十二歳）、赤コーナーには兵庫大会チャンピオンの情野千里《せいのちさと》選手（五十四歳）がつく。

先攻の川村選手は、「恐竜ハピネス」という題の詩を朗読する。少年時に「僕の村で恐竜の化石が見つかった」。その喜びを「恐竜ハピネス／恐竜サニーデイ」と何度もリフレインさせて表す。和製ヒップホップともいえる言葉のリズムが冴えた朗読だ。彼の身体は波打つように動き続け、そして両手を左右に大きく広げ、ネイティブアメリカンの古老たちの詩を収録したナンシー・ウッドの本の題名を引用して「今日は死ぬのにもってこいの日さ」と締めくくる。

対する情野選手は、和服姿で、「巣から落ちた母を拾って」のフレーズを生かした「五月はたらちねの赤篇」の詩を声にする。この詩には、「私」のボーイフレンドに「節度ある交際」を求める手紙を書き送る母親への愛憎が描かれ、「赤いスカートを禁じた母は／娘を保護すると称して／娘のエロスの／峻烈な管理者となった」と、思春期以降の自らの女性としての性の苦悩をにじませていた。

「詩のボクシング」は、他者の声をしっかりと聞く場である。張り詰めた緊張と物音一つ逃さないような集中の中で試合は次々に進んで行く。

他の記憶に残るボクサーたち

与えられた紙数では到底全ての試合を紹介することはできないが、駆け足であと三試合だけ紹介させていただく。

その一つは、一回戦第八試合。広島大会チャンピオンの寺内大輔《てらうちだいすけ》選手（二十七歳）と高知大会チャンピオンの福島路人選手の対戦だ。

寺内選手は、言葉の意味を持たないパフォーマンスを披露する。擬音語、擬態語だけの作品の朗読であるといってもよい。彼の意味を持たない声が、さまざまなイメージを聞き手に喚起させる。しかし、この表現方法に対する判定は難しい。そこには、あたかも聞き手に感性の綱渡りを強いてしまうようなところがあるからだ。

対する福島選手は、先にも述べたように、これまでの大会における最年少のチャンピオンだ。その表情にはまだあどけなさがある。朗読した詩は、「古い時計」と題されたもので、昼から夜へと変わる時間を男から女への転換の場として描いていた。彼の中性的な声が、男と女の両性を演じるのに上手く生かされていた。また、彼のすばやい動きのパフォーマンスが、実に清々しくもあった。だが、判定は、寺内選手を4対3で勝ちとした。

ところで、この大会には敗者復活戦が導入されている。この敗者復活戦は、「勝敗ではなく、一篇でも多く聞いてもらえれば」という朗読ボクサーの声と「敗れたが、もう一度あの朗読ボクサーの声と言葉を聞いてみたい」との観客の要望に応えて導入された。敗者復活戦の青コーナーの選手は、一回戦で負けた選手の中から観客全員の投票によって決まり、対する赤コーナーの選手は、一回戦を勝ち抜いた勝者の中からくじ引きによって決められる。勝ち負けを決めることにおいては、敗者復活戦の導入は不可欠だろう。何故なら、そこに負けた者の新たな姿が見えてくることもあるからだ。実は寺内選手は、広島大会で一回戦負けをしており、観客の全員投票によって敗者復活戦に登場し、その闘いを制し、広島大会チャンピオンになっている。彼がチャンピオンになったことは、その場に新たな声の聞き方、味わい方を創出したともいえる出来事であった。聞く力もそうやって培われるのだと納得できた良い大会であった。

第二回全国大会では、観客の圧倒的な支持で福島選手が敗者復活戦に登場し、彼は見事にその闘いを制し、二回戦に進んでいる。しかし、惜しくも二回戦で敗退した。

敗者復活戦に続いてすぐに二回戦が行われる。その第一試合は、富山大会チャンピオン作道さとし選手と山形大会チャンピオン鈴木康之選手の闘いだ。

作道選手は変幻自在の声を持つ実にユニークな朗読ボクサーである。この試合では幼い女の子の声を作って出す。観客は驚きながらも、その滑稽さに反応して笑ってしまう。内容は、女の子が詩を書くために何人もの自分を殺したというもの。しかも、全てを殺した後で、一度殺した自分を土の中から掘り起こし、また殺すこともやったという。詩には美しさだけではなく、残酷さもある。そのことに正面切って挑んだ作道選手に、観客は割れんばかりの拍手を送った。

対する鈴木選手は、魚好きの趣味を生かした内容で応戦する。計算された言葉がやや裏目に出た感じだ。ジャッジ判定は7対0で作道選手を勝ちとした。

圧巻、即興作品の応酬

そしてもう一試合となれば、やはり決勝戦だろう。決勝戦は、福岡大会チャンピオンの倉地久美夫選手と神奈川大会チャンピオンのうみほたる（本名＝杉山しのぶ）選手（二十二歳）の闘いとなった。この決勝戦は、自作朗読と即興の二ラウンド制で行われる。ここでは即興のラウンドのみを紹介させていただく。

レフェリーが先攻である倉地選手に即興のために与えたお題は、「声」。それを受けて倉地選手は、すぐさま「斎藤くん」、「はいッ」、「道谷くん」、「あッ、はい」、「巻上くん」「いゅゅ、ゆぇぇ」と教室での先生の点呼する様を演じた。そうやって複数の生徒の声を出しながら、「僕たち四十人もいるけど、本当は一人でやっているんです」と落ちをつける。会場は笑に包まれる。この笑いによって、彼がこれまでの闘いで完全にこの空間を支配していたことが分かる。そして、そのたった一人の生徒は、卒業の時、先生に四十枚の鏡をプレゼントする。これで先生も四十人になることができ、寂しくならないというのだ。相変わらずシュールな内容だが、わたしはこの即興に、一人っ子の倉地選手が一人遊びをせざるを得なかった孤独な姿を重ね合わせながら聞いていた。

対するうみほたる選手へのお題は、「言葉」。それを受けて彼女は、「言葉の形を見たいと思った／だからたくさんしゃべってみた／いろんな人にも話し掛けてみた／いろんなところに書いてみた／でも書いたものはそれは文字／話し掛けたものはそれは声／言葉は見えなかった」と始め、終わりは、「近所に住んでいる女の子／彼女がボクに向かってシャボン玉を飛ばしている／ボクにぶつけるようにシャボン玉を飛ばしている／ボクは聞こえない彼女の言葉を聞いた／こんにちは」と締めくくった。

うみほたる選手は、即興のみならず作品に主人公としての〝ボク〟をよく登場させる。そのように書く主体の性を転じさせることによって言葉が生まれやすくなるのだろう。それにしても彼女の言葉の世界は、暗く重いモノトーンの雰囲気に包まれている。倉地選手とは違い、彼女の孤独の重さを言葉に表しているかのようだ。決勝戦の二人の孤独の闘いは、5対2の判定で倉地選手が勝利し、彼が全国大会チャンピオン、つまり二代目の朗読による日本ライト級チャンピオンとなった。新たなチャンピオンの誕生に、会場から祝福の拍手が送られた。おめでとう、倉地久美夫選手！

終わりに、全員ではないが、ジャッジの感想も要約して紹介しよう。

【島森路子（「広告批評」編集長）】「わたしは倉地さんが優勝してみればそうも納得するけれども、二回戦でも三回戦でもこれは決勝戦ではないだろうかという試合があった。正直、二回戦以降は、ジャッジ席に座っていて息が詰まっていた。一つ間違えば他の方が勝っていたかもしれない。大変レベルが高かったと思う。濃密な言葉の応酬でした。無意味な言葉を並べ立てて逆に空間を支配した人もいた。皆さん、詩というものの枠、意味をどんどん広げようという試みをした。しかし、それもやはり詩なんだということが理屈ではなく感じられた。とても楽しかった」。

【山田五郎（評論家・編集者）】「くじ引きで対戦者が決ま

ったと思えないほど、それぞれの試合がうまく構成されていたように思う。決勝戦の即興の題、倉地さんが「声」でうみほたるさんが「言葉」というのもでき過ぎていると思えた。うみほたるさんのイマジネーションが好きだった。だから彼女の言葉が自分には届いた。一方、倉地さんは、声とかその性質とか、またその使い方、間のとり方がよかった。詩もシュールで面白いが、それよりもリーディングのスキルが高いことが勝ちを招いたと思う」。

【しりあがり寿（漫画家）】「本当に楽しくて、来てよかったと思う。ジャッジを務めたが、どちらが勝つかの判定が下される瞬間、自分が一番緊張した。中でも、やはり決勝戦はびびった。いい詩を聞くと漫画にしたくなる。その詩に対して漫画で返したくなるといった衝動に駆られた。うみほたるさんのは漫画にすると売れると思う。他には、寺内大輔さんが印象に残っている。何を言っているのかわからないが、ポーカーでブラフなのに平気でカードを切っているようなそんな緊張感があって面白かった。福島路人君のも漫画にすると面白いのができると思った」。

【ヤノベケンジ（造形作家）】「ジャッジをする上で、後の試合を面白くしようとか、誰と誰をぶつけると面白くなるとか、そういった計算は一切しなかった。できるだけ直感で判定した。自分は造形作品を作って表現している。自分の手に脳味噌があるような感じで、手が形を作り上げ美しいものにする。つまり手が考えて物を作り上げると思っている。それと同じように、判定も判定札を握る手の直感能力に掛けた。その方が公平に判定を下せると思った」。

日本語ブームへの視点

最後に「朗読ブーム」と「日本語ブーム」について触れておこう。「詩のボクシング」は一九九七年から声の復権を標榜して現在に至っている。それが下地となって現在の「朗読ブーム」や「日本語ブーム」につながったものとわたしは自負している。何故なら、これまでに「詩のボクシング」のように活字の裏にある声を引き出し、その声の力を認め育くむ積極的な場が全国的な広がりを持ったことはなかったからである。

さらに、教育現場で喧しく言われ始めたコミュニケーション能力の育成についても、「詩のボクシング」は他者を意識できない独りよがりな言葉には手厳しいジャッジの判定が下されることで、その場の有効性が高く評価されていることも言っておきたい。

つまるところ、言葉は誰もが精神の問題だと考えがちだが、言葉は精神の問題である以上にはるかに身体の問題であり、わたしたちの母語である日本語も、生まれながらの言語能力によって身体的に獲得されるのであって、理屈や理論によってではないのである。すなわち、目で見たり、耳で聞いたり、口で味わったり、鼻で嗅いだり、さらに物に触れたりする感覚をフル稼働させて身に付けている体得されない言葉というのは使いものにならない、「詩のボクシング」とは、そういった身体の五感をフル稼働させて体得した言葉が求められている場なのである。

ところで、「日本語ブーム」の中でよく引き合いに出されるのが「美しい日本語」である。わたしは、この「美しい日本語」という言い方に抵抗を感じる。わたしたちは、見目形が美しくなくても、気持ちのこもった思いやりのある言葉によって、心安らぎ、励まされたり、勇気付けられたりしている。歴史的に見ても、標準語を普及させる中で「美しい日本語」が強調され方言は美しくないとされてしまったが、決してそうではないことも強く言っておきたい。むしろ、「美しい日本語」ではなく、日本語の美しい使い方を問題にすべきではないか。付け加えるならば、人を馬鹿にしたり、嘲ったりする言葉は決して美しい使い方ではないかもしれないが、人との関係の中で時として生きる上では必要なものでもあるのだ。

民俗学者の柳田国男は、自著の『民間伝承論』の中で、言葉は時代や社会状況によって常に変化し、新しく生み出されるとし、また民間で作られる諺に注目して、「西洋では諺は古くより存するもので、卑近な語で哲理を説いたものであるが、日本ではそれとは反対に、皮肉に満ち、人の弱点を突き、厭がらせを含んで居る」と述べている。さらに、日本人は、そのように作り出された諺に笑われないように身を処す術を身につける、とも言っている。

わたしたちが使う言葉は、生きているが故に変わる。いや、正確には、人が変わるといった方がよい。人が変われば、他者とコミュニケートする言葉も変わるのは自然な成り行きでもある。

さらに「声に出す」ことについて言えば、既存の詩や小説などの名文を朗誦・暗唱することはあってもよいとは思うが、それは自分の言葉を自分の声にする前段階の行為だとわたしは考える。何故なら、その先に他者とコミュニケートし、他者と共生するための自分の言葉と声を見出す必要があるからだ。

また、声に出すことでは、教育勅語にまつわる経験を見逃してはならない。教育勅語は、昭和時代に入ると国民教育の思想的基礎として「神聖化」され、その文面を暗記することが強く求められ、特に第二次世界大戦前の一九三八年（昭和十三年）に国家総動員法が制定・施行された中で軍国主義の教典として利用されるにいたった。このように教育勅語を斉唱させ、一方的に身体に叩き込ませることで、国民の身も心も一つの鋳型にはめてしまった声の教育があったことを忘れてはならない。一つの型にはめるのではなく、型にはめられない一人一人の自由な声が発せられることが大切である。その声にこそ自立した生きる力が授かるのである。「詩のボクシング」の場は、正しく個人の声と言葉が自立できる場として受け入れられ全国に広がっているのである。

対談……………

言葉を売ってものを売れ

マーフィー岡田・天野祐吉

天野　マーフィーさんの実演は、笑いすぎて買うのを忘れてしまう。（笑）そのくらい面白いんですが、料理はうちでもするんですか。

岡田　いや、一切しません。包丁触るのもいやです。何が悲しくてうちに帰ってまで。（笑）

天野　ハハハハ。本当にすごい言葉芸ですけど、もの売りのようなものは子供の頃から好きだったんですか。

岡田　ええ。江戸川区の一之江という下町の生まれで、いまも住んでいるんですが、その頃繁華街と言えばやっぱり浅草上野だったんですね。浅草で騙されるのが楽しみで、年がら年中通ってました。当時のことは、いまでもありありと覚えてますよ。

天野　僕のほうが世代はだいぶ上ですけど、足立区の千住という、同じような下町で育ったところは似ている。昔は

いろいろな実演販売を、縁日でやってましたね。

岡田　かつてはものを売るとき、別に怪しげなものを売るんじゃなくても、なにかしゃべってたんです。風船売る人も飴売る人もお客さんや子供たちと対話しながらものを売っていた。いまはもう、テキ屋さんでさえ対話しなくなっちゃいましたけどね。お好み焼きでも、ただ焼いていれば売れちゃうものだから。

天野　バナナのたたき売りで、Aから買うかBから買うかを決めるのは、品質でも値段でもない、面白さなんですね。つまり、品物だけを買うんじゃなく、芸を、言葉を買ってる。芸の面白さに対して、いわば投げ銭するつもりで買っていた。

岡田　僕なんかも、子供の頃に、怪しげな袋に蛇を入れてる山伏の格好をした人とか、学生帽を被ってるおじさんとか、いろいろな人を見たけれど、なぜかみんな薬を売って帰っちゃう。（笑）それがまた、オロナイン軟膏みたいな何にでも効く薬で、でも、その口上を聞く面白さは、楽しみの一つでしたね。

天野　実演というのはやはりすごく面白いもので、雑誌の広告や説明書を読んでものを買うこともあるけれど、その場合はほんとに必要だと納得して買うわけで、マーフィーさんの場合は、必要かどうかわからないものをなぜか買ってしまうという。（笑）

岡田　僕の場合は一〇〇パーセント衝動買いですから。（笑）だって、僕の品物を目当てにデパートにいらっしゃる方は皆無に近い。あのきれいなデパートに、わざわざお化粧してドレスアップして指輪まではめて、穴の空いた包丁を買いに来る人はいませんよね。

天野　それだけに、関心が湧かなければ、そのまま通り過ぎてしまう。歩いてる人をこっちに振り向かせなきゃいけないんだから、大変ですね。

岡田　ですから、一番苦労するのは、最初の一人に立ち止まってもらうことなんです。一人立ち止まってもらえれば、あとはどんどん集まってくる。最初の一人は僕のためにただでサクラをやってくれるようなもので、だから、初めは「買わなくてもいいから見ていってくれ」って心から思うんですね。それが、途中で帰ろうとすると「最後まで見てけ」、最後まで見たなら「一個買ってけ」、一個買ったら「お

土産にもう一個買え」。（笑）

天野　広告は英語で「アドバタイジング」ですが、その語源は「アドベルテール」というラテン語なんだそうですね。で、この言葉には「振り向かせる」という意味があるらしい。つまり、関心のある人じゃなく、よそを向いてる人をこっちに振り向かせるというのが、そもそもの広告の語源だった。でも、確かにそうですよね、もともとこっちを向いてる人は説得しやすい。こっちに気がある女の人は口説きやすいのと同じで。（笑）でも、そっぽ向いている人となると大変だ。

岡田　ことに、僕らの場合、お代は見てのお帰りで、最初に入場料を払って見てもらうわけじゃない。だから、あまり笑わせすぎてもダメなんです。目的は買ってもらうことですから、笑いは六掛けくらいにしておかなきゃいけない。笑いだけで満足すると、「ああ、面白かった」で帰っちゃう。ものを買うというのは命の次に大切なお金を払うわけで、いくらゲラゲラ笑っている人でも、お財布に手が行くときは、急にシビアな顔になる。これはもう、ほんとにスッと顔が変わります。笑いすぎると、このシビアなところに戻れないんですね。だから、笑わせすぎたなと思ったら、ちょっとテンションを低くしたりして。

天野　そのあたり、手順や台詞は全部決まっているようでいて、その場の雰囲気で柔軟に変えるわけですね。

岡田　ええ。僕がよく思うのは、人間って四九パーセントまで買う気になっても買わないんです。ところが、五〇を超えて五一パーセントまで行くと買う。四九以下はゼロと同じで、五一以上は一〇〇と同じ。そうしたときに、一人が九五パーセント買う気になってくれたとしても、売れるのは一個なんです。それよりも、まんべんなく五一パーセント買う気になってくれたほうがいい。そのためには、お客さまの顔を見ながら、いまどのくらいまで買う気になっているのかを推測しながら話を進めていく。

天野　体温で言ったら、お客さんのそれを五一度まで上げるやり方というのは、場所によっても客の種類によっても違うでしょう。

岡田　まったく違います。僕は学生アルバイトからこの商売に入ったんですが、初めの頃はずっと表でやっていたんです。北千住のプリンス、カナマチ銀座の王子様、中野ブロードウェイの若旦那というような感じで（笑）、完全に通りがかりの人だけを相手に、短時間で勝負するやり方だった。ほかにも、いろいろなところでやりましたよ。山谷のドヤ街の商店街でやったこともあれば、巣鴨のとげぬき地蔵でやったこともある。巣鴨は完全にテキ屋さんが仕切っている世界。でも、どこでも何万円かのお金は必ず売り上げてきた。ましてやデパートで、お財布広げて何買おうかと考えてる人たちからお金を取れないはずはない。誤解されると困るけれど、そういう意味でのプライドは持ってます。

天野　初めはていねいな「ですます調」で話し始めて、でも、途中から「知ってる?」というふうな、友だちのような言葉遣いに変わっていく。そうやってお客の中にスルリと入りこんでいくあたりがみごとなんですが、ああいう話術は一つの芸として、師匠に教えてもらったりするものなんですか。

岡田　実演販売というのは、もともと宣伝販売と言われていたんです。それは、荒っぽい言葉で宣伝するような、テキ屋の世界にルーツがあったから。しゃべってものを売るということは、そういう世界にしかなかったわけですね。僕がこの世界に入った頃は、道路交通法だのなんだので、テキ屋の場が外になくなりつつある時期だった。ちょっと機転の利く人が、テキ屋の世界から足を洗い、デパートの中に入って宣伝販売の正業に就き始めていた頃で、僕はアルバイトで入ったんですが、他人がやるのを見ていて、一週間もたたないうちに「オレにもやらせろ」ってやってました。だから、師匠なんていないようなもの。僕のやり方は、そんな中で、三十年くらいかけて構築したものなんですね。

天野　自分で台本を書いてるようなものですね。

岡田　ええ。だってあんなくだらない台本、だれも書いてくれないですから。（笑）

天野　広告のルーツを調べていくと、やはりどうしても、もの売りにたどりつく。金魚売りやバナナのたたき売りが広告のご先祖で、いまでもなまじっかな広告より「きんぎょ～ え～ きんぎょ～」のほうがよっぽど完璧なコピーだし面白いと思ったりもするんですが、そうしたもの売り芸の系譜の上に、マーフィーさんのお仕事もあるんじゃないかと。

岡田　完全につながってますね。僕も「現代版寅さん」みたいに言われることがあるんですが、すごくうれしい。ただ、いま僕が寅さんと同じように「七つ長野の善光寺、八つ谷中の奥寺で」と言ったところでものは売れないし、バナナのたたき売りもガマの油も、いまではあくまでも「額縁に入った芸能」の古典になってしまっている。ものを売るというのは、シビアなものですからね。ある種の真剣勝負であり、お客さまにとってはものを買うことが快感だという、そのポイントを攻めていかなくてはならない。

女性はデパートにストレス解消のためにいらしていると思うので、そのストレスを解消してあげて、快感を感じていただく。実演販売は三メートル四方くらいの小さな世界ではあるけれど、この空間の中でお客さまに、僕と同体験をしていただけるんですね。「いいこと聞いちゃった」でも「面白いオヤジがいた」でもいいから、ともかくいい時間を過ごしていただいて、ついでに三千五百円出したら、おまけに野菜の調理器がついてきた。うちに帰って子供や旦那の前でちょっとやってみて、あのオヤジみたいにうまくはいかないけど、まあ一応キャベツは切れた、そんな感じがいいんじゃないかと思ってる。

天野　男の人で、奥さんにほめられたくて買って帰る人はいませんか。

岡田　いるけど、たいがいけなされてるでしょうね。（笑）秋葉原という場所がありまして、あそこはほぼ一〇〇パーセントのお客さんが男性なんです。この頃は若者の街になってきちゃいましたが、ほんとに女性はいない。たまにいても、これが買わない。（笑）そりゃそうですよ。贅沢気分でデパートに来る女性と、秋葉原にどこよりいくら安いかなんて計算して来る女性じゃ、まったく違う。そういう女性には洒落も通じません。

ただね、秋葉原でも男性には洒落が通じるんです。しかも、その洒落は、デパートよりずっと荒っぽくていい。「持ってけドロボー」でもいいし、帰ろうとするオヤジに「おいオヤジ、ちょっと待て。そこまで聞いたら最後まで聞くのがお客の義務だろ。お前の子供が人の痛みをわからない子供になったらどうする。ものにはついで、浮世には義理、人間には人情ってものがある。その人情味がないのか、お前は」と突っこんでもいい。そういう洒落っ気が通用する世界なんですね。で、「買うか?」「買う!」と一人が答えたら、ほかのお客に「どけっ、そこはお客の花道だ」。こんなこと、デパートじゃとても言えません。言ったら次の日からクビになっちゃう。(笑)

天野　「額縁に入った芸能」という言い方は、なるほどと思ったけれど、確かにいま、例えばガマの油売りが「四六、五六はどこでわかる」なんて言ったって、何のことやら意味さえわからない。歌舞伎の台詞にしても、うまい役者さんが語れば聞いていて気持ちはいいけれど、やっぱり意味はわからないですよ。つまり、ある時期を過ぎると、言葉というのは死ぬ運命にある。その時代の空気を呼吸しなくなる。いまと切れてしまうということは、つまり、ジャーナリスティックじゃなくなるということで、マーフィーさんがやっているのは、いまという時代の中でつながっていく言葉、そうした言葉をもう一度再編成していることなんですね。ジャーナリスティックであれば、そのときどきの話題が入りこんでくるのは当然で、たえず新しい話題を取りこみながらもの売りの言葉をジャーナリスティックな言葉に変えていく。芸として固まり切ってしまうと、逆にダメなんですね。

岡田　でも、逆に意識して、古いネタを使うこともあるんです。今日の話でも「一週間で清川虹子」って言葉がありましたけど、これも「清川虹子」じゃないとダメ。「山田花子」じゃまだダメなんですね。

天野　でも、「清川虹子」がある日使えなくなって、「山田邦子」になる日も来るわけでしょう。

岡田　それは来ます。

天野　どういう言葉でどういう使い方なら通じていくのか、そこのところの判断が狂ってきてしまうと、お客さんをこっちに向けさせられなくなる。恐いですね。

岡田　ええ。でも、かと言って古い言葉を全部死語にして、いまの若い人たちの言葉に直すというのもいやなんです。やはり使うのは、自分の言葉でないと。

天野　確かにマーフィーさんが「てゆーかー、この包丁があー」なんて言い出したら、かえって面白くない。(笑)

岡田　お客は笑えないでしょうね。

天野　これは前からお聞きしたかったんだけど、例えば穴あき包丁とかって、ほんとにいいものなんですか。

岡田　よく聞かれるんですよね。「お前は慣れてるから上手なだけなんじゃないか」って。言っておくけど、私は上手です。（笑）朝から晩までやってるんですから、私が下手じゃお話にならない。ただ言えることは、あれは道具であって機械じゃない。機械というのは、おばあちゃんがボタン押してもお子さんがボタン押しても、同じものが出てくる。でも、道具というのは使い方があるわけですね。切れる切れないで言えば切れるけれど、その度合いは使い方で変わってくる。いまでも「お前の使っているのをくれ」というお客さまがいらっしゃいます。そういうときは、「同じじゃない、全然違うんだ」「え？」「私のは古いやつで、こっちは新しい。古いのでよければ持ってけ！」（笑）。そんな冗談を言いながら、新しいのを一つ出して、切ってお見せして、「ほら、こっちのほうがよく切れるでしょ」と言ってお渡ししますけど、いま申し上げたように道具ですから、だれでもトマトが薄ーく切れるかどうかというと、必ずしもそうとは言えない。私ができるのは、私の腕なんです。（笑）

天野　道具でも、穴あき包丁を買えばトマトが薄く切れるという幻想がつく。つまり、言葉は商品に幻想をつけているんですね。お客は、自分もあんなふうに切れるという幻想を買う。僕だって、マーフィーさんが騙して粗悪品を売りつけてると思ってるわけじゃないですよ。でも、問題はどこまでが言葉によってつけられた価値なのかということで、イメージと実質との関係というのは、非常に微妙ですね。でも、そこが僕には、非常に面白い。

「かたる」は「語る」であると同時に「騙《かた》る」でもあって、語ることはなにかしら騙すという行為に近いところがある。だって、男が女に「好きだよ」なんて、絶対に嘘でしょう。（笑）というのは冗談だけど、でも、騙している部分がまったくないとも言い切れない。言葉というのは、好むと好まざるとにかかわらず、口にしたとたん、「騙す」という機能がどこかで働くものなんですね。だから、「騙す」と聞いたとたんに目くじらを立てたりしないで、そんな言葉を互いに面白く使い合っていけばいい。「言葉で騙す」のは、言ってみれば、お客さんを「言葉で楽します」こととイコールなんですから。

岡田　だから、あんまり本気で聞かないでください。（笑）あと、言えることは、僕は品物に惚れてないです。自分の売るものに惚れ切っていない。なかには惚れちゃう人もいるんですけど、惚れすぎるとよくないんですよ。その品物に惚れちゃうと、お客さんに無理強いしたくなる。で、買わないと不満が残るんです。もちろん全然売れないのも困りますけど、僕は自分の売るものについて、欠点を含めすべて知ってるつもりだし、欠点もちゃんと提出する。「切れ味も味のうち。危ないですよ、指切りますよ」って言ってるんだから。「だから安全器使え」ってね。（笑）ただ、道具というのは、ほんとに使いこなせば、あんなに便利なものはないんですよ。なかなか使いこなせないだけでね。

天野　確かにいいものだと思いこみすぎると、これを買わないやつはバカだみたいに思えてきたりする。相手に押しつけることになりかねませんね。どんなに素晴らしい商品だって、どこかで「たかが商品」という目がないと、かえって商品を伝えられなくなる。広告でも、なぜメーカーの人が作らないかというと、メーカーが作るより広告会社が作ったほうが、距離を保てるからでしょう。批評的に商品を見ることができるから。ポリバケツかなにかの広告で、ポリバケツの下に虎の毛皮が敷いてあるのがあったけれど、なんぼなんでもポリバケツに虎の毛皮はないだろう。（笑）これなんかも、すごいバケツができたことに酔って、「たかがバケツ」の視点をなくしているんですね。メーカーが作る広告には、ともするとそういう落とし穴がある。マーフィーさんの場合も、「たかが包丁」の目が入ることが、その商品を逆に生き生き見せているんです。

岡田　バブルがはじけるまでは、メーカーは作れば売れたんです。でも、いまや農協まで積極的にセールスしなくちゃならなくなってきた。農協と言えば、全国で売上げ七千億という世界でしょう。その世界さえも、いわゆる販売というものを気にしなきゃならなくなってる。いわんやメーカーは、最前線の営業が気になってしかたない。そうしたときのメーカーの弱点は、まさにいま言われたところにあって、自分の品物に惚れこむあまり、パンフレットなんかでも、これもいいあれもいいいと、やたら並べ立ててしまうことですね。そんなことしたら、かえってわからなくなるだけなのに。たかが冷蔵庫の特徴書くのに、なんで十頁もいるんだって。（笑）だから、僕もキャンペーンなんかにおつき合いすると、「これを言ってくれ、あれを言ってくれ」とやたら言われる。しかも「一時間くらいやってくれ」とかね。でも、通りかかっただけで一時間も聞くやつなんていないって。（笑）子供は教室に閉じこめて強制的に聞かせるから一時間聞くのであって、大の大人に冷蔵庫のよさを一時間も聞かせようって発想自体がバカげてるんです。三十分も聞いてくれたら御の字だと思ったほうがいい。

　だから、特徴の説明も、僕は四点までに絞るんです。四つくらいが限度で、できれば三つにしておきたい。冷蔵庫なんか冷えてなんぼのものでしょう。いまどきの冷蔵庫なんて、どこのメーカーだって静かですしね。夜中に跳び起きるような音のする冷蔵庫なんか売ってない。それを、「うちの冷蔵庫は静かだ」なんて、どこのも静かなんだって。（笑）

天野　逆に、「うちの冷蔵庫はうるさい」ってことなら特徴になるけどね。「夜、絶対寝られません」ていう。（笑）マーフィーさんは広告の人間が一生懸命考えていることを、感覚的にズバッとつかんでいらっしゃるところがすごいと思うけれど、スピーチなんかでも、最初に「今日私が言いたい意図は三つあります！」と言うといいらしい。三つくらいまでしか人は覚えないから、「私の言いたい意図は九つあります」と言ってもダメなんですね。で、これを三味線話法と言うそうです。三本の糸だから三つの意図、ということで。その原則に、いまのお話はピッタリ合っているんですが、それはやはり、長い間の経験でわかったことなんですか。

岡田　そうですね。これ以上はやる必要ない、やってもかえって逆効果だということが。

天野　ところで、マーフィー岡田という名前は、どこからつけられたんですか。

岡田　いや、どうということはない。上岡龍太郎さんの番組にしばらく続けて出ていたときに、ある日「本名の堅い名前じゃなく、なにか面白い名前はないのか」って聞かれた。「僕はそんなこと、考えたこともないんで、なんでもいいからつけてください」と答えたら、休憩室で考えてくれたのが「マーフィー岡田」。最初は「ストロベリー岡田」だったんですが、「それはちょっと勘弁してください」。（笑）

でも、「マーフィー」も初めは気持ち悪かったですよ。「マーフィーさん」って言われてだれのことかと思ったら自分だったりして。僕の事務所にいた人間は、お袋に「マーフィーさんて、異国の人だったのかね」って言われたらしいし。（笑）

天野　でも、人間というのは、もともとそんなに立派なもんじゃないし、むしろかなりいかがわしいものでしょう。そのいかがわしさが可愛かったり、いかがわしい自分をもうちょっとちゃんとしようなんて、殊勝に思うことがよかったりといった生き物なわけで、人間は万物の霊長で立派なんだ、なんて考えくらいいやなものはない。そういう意味では、広告もそうだけど、実演販売もいかがわしい部分を持っているところがチャーミングですね。さらに加えて、「マーフィー」という名前がまた、そのいかがわしさを増幅している。

岡田　だから、いまではほんとに気に入っています。この、なんだかわからないような怪しい名前が。

天野　無駄なモノを買ってその無駄を楽しむように、無駄や怪しさやいかがわしさ、そういうものの価値が見直されてくると、世の中もう少しギスギスしないで済むんじゃないかという気がしますね。それが豊かさというものなんですから。

落語の味覚表現

野村雅昭

そば

芝居の「天衣紛上野初花《くもにまがううえののはつはな》」のうち通称「三千歳と直侍」の場は、いまでもしばしば上演される。清元の名曲「雪暮夜入谷畦道《ゆきのゆうべいりやのあぜみち》」の外題でも知られている。御家人の片岡直次郎が入谷の寮で養生している愛人三千歳をたずねて、雪のふるなか入谷のそば屋にたちより、寮の場所をききながら、そばをあつらえ、熱燗を飲む。この日は、劇場内のそば屋はいつもよりも客が多いという。

それと似たような経験がある。何年かまえの国立演芸場の初席で、現柳家小三治（一九三九―）がトリで「うどん屋」を演じた。気のはいった名演で、演芸場をあとにする人は、コートの襟をたてながらその余韻を口にし

ていた。そのひとりが「ああ、そばが食いたくなっちゃった」といっていたのが記憶にのこっている。演じられたのが「うどん屋」だったのに、「そば」が食べたいというところがおもしろかった。江戸や東京では、うどんよりも、そばのほうが好まれる。「うどん屋」は、明治時代に三代目柳家小さん（一八五七―一九三〇）が上方の噺を東京に移植したものとされている。明治になってから、なべやきうどんが流行したころのものだろう。

そばは、江戸のはやい時期から庶民の食べ物として愛好されてきた。はじめは「そば切り」といわれる現在の「もり」だけで、いまの「かけ」や「てんぷらそば」などの種物があらわれるのは、中期以降のことらしい。そばの登場する落語には、「時そば」「そば清」「そばの殿様」「よいよいそば」「疝気《せんき》の虫」などがある。

いちばんよくしられているのが「時そば」だろう。こざかしい男が流しのそば屋をよびとめる。能弁にそばをほめちぎり、勘定の段になって、小銭でしはらう。「ひい、ふう、みい、よう、いつ、むう、なな、や。そば屋さん、なんどきだ」「ここのつで」「とお、十一、十二、…」とはらって、一文ごまかす。これをみていた、まのぬけた男が、自分もまねをしようとしてやりそこなうという筋である。

そば屋に口をきかせず、屋号、わりばし、どんぶりまでほめまくるのが、きかせどころだが、中心であるそばをほめるところを引用する。五代目小さん（一九一五―二〇〇二）の所演である。

「これだ、ちょいとにおいかいだだけでわかっちゃうんだ、自慢じゃねえけどね、うめえかまずいか。おれァそばっ食いだ。わざわざ、おめえ、永坂《ながさか》まで食いにいってんだからね、うん。フー、フー、いいつゆかげんだなあ。かつぶしおごったなあ、おめえ、だしがきいてるぜ、うん。おー、これだい、そばってやつは、あんすうっと、こう、細くなくちゃいけねえ。うどんじゃねえかとおもうほどふてえのがあるけどもなあ、あんなものは江戸っ子の食うもんじゃねえや、おめえ。そばは、ほせえとこが値打ちだからなあ。フー、フー、ズズー（そばをすする）。うん、腰がきいてて、うめえそばだ。そばは、腰がきいてなきゃだめだ。そこが値打ちだもんなあ。フー、フー、ズズー」

（五代目柳家小さん「時そば」）

ここでは、そばの「細い」のと「腰がきいている」のがほめる対象になっている。そばずきの人間は、いまもずいぶんおおい。しかし、どこのそばがうまいという話をしても、どううまいのかということになると、ことばでは通じにくい。ことに味に関する表現は少ない。結局のところ、そばは味覚よりも、歯ざわりなどの触覚にかかわる部分がおおいようにおもわれる。

三代目志ん朝（一九三八―二〇〇一）の口演では、細いのをほめたあと、つぎの表現がある。

「うん、ああ、結構だねえ。え、腰がつよくていいよ、ポキポキしてるよ、ああ。よくやわらけえのがあるんだよ。やわらけえってえと、腹にたまっちゃっていけねえんだ。ええ？　こっちァべつに飯のかわりに食うわけじゃねえからよ。そばなんざァさっぱりしてんのが値打ちだよ。いいね、これァどうも」

（三代目古今亭志ん朝「時そば」）

小さんの「腰がきいている」を「腰がつよい」としているほか、「ポキポキ」というオノマトペをもちいている。小三治は「ポキポキ」にくわえて「シコシコ」ともいう。いずれにしても、この場面では、ほんとうにそばがうまいのかどうかはわからない。うまそうに演じていればいいのである。後段のやりそこなう男のばあいは、ほんとうにまずくて、共通して「ベトベト」と表現される。

「時そば」も、実は上方の「時うどん」がもとになっている。そのくせ、噺のなかで、「あんなものは江戸っ子の食うもんじゃねえ」といわせるのがおもしろい。

うなぎ

うなぎがいつから現在のような形で、江戸市民の口にのぼるようになったのかを、簡単にしるすのはむずかしい。江戸中期には、いまのように背開きにして焼く調理法が工夫されたようだが、それ以前は筒切りにしたものを竹のくしにさして焼いたもので、それがガま（蒲）の穂に似ているところから、かばやき（蒲焼）の名がでたという。

文化・文政ごろにはまだ高価なもので、大工の一日の手間賃に相当したというから、決して安くはない現在の値段からみても、庶民の口にはいりにくいものだったにちがいない。しかし、江戸小噺には、うなぎを題材にしたものがたくさんあるし、明治になると、大衆的な食べ物になってきたとみられる。

「鰻《うなぎ》の幇間《たいこ》」は明治中期の作とされるが、速記は大正時代のものがもっともふるい。これを得意にした名人文楽（一八九二―一九七一）も、自動車がめずらしい大正期に時代を設定していた。

野だいこと称される三流のたいこもち（幇間《ほうかん》）一八《いっぱち》が街頭で客をつかまえ、せめて昼飯でもおごらせようとねらっている。そこへ、顔だけはおぼえのあるゆかたがけの男があらわれる。一八は、その男にまとわりつき、うなぎ屋へ同行するところまでは成功する。

「大将、焼けてきましたよ。へへ、はやいね、ここのおうちは。これは、おあったかいうちに頂戴しましょう。さめるといけない。（中略）てまえは、こういただくという…、（口へいれて舌鼓をうつ）うん、大将、おそれいりました。あたくしゃあね、失礼なお話ですが、これほどにいこうとはおもいません…。舌へのっけますね、とろっときますね、とけそうですよ、あ、どうも、……」

（八代目桂文楽「鰻の幇間」）

ところが、この男はくわせものだった。手洗いにたつふりをして、勘定をはらわずにどろんをきめこんでしまう。しかも、三人前のみやげまでもっていくという念のいれかたである。のこされた一八は、女中をあいてにやつあたりをする。

「うなぎをみねえ、うなぎを。ついでだから、いうがね、さっきァ客のまえだとおもうから、おせえじに口ィいれて、とろっ…、とろっとくるかい、これが。三年いれたって、とけやしねえ、パリパリしてら。干物だ、まるで。どこでつかまえたんだい、このうなぎは？　どぶにだって、いやしないよ、きみ。天井裏かなんかでつかまえたんだろう」（同前）

この噺は、いまでもよく高座にかけられるし、文楽と同時代の落語家によっても演じられていた。口にいれてとろっとくるところは、みなおなじだが、あとで腹をたてるところが、すこしずつことなる。とれた場所を文楽は「天井裏」としているが、圓生（一九〇〇―一九七九）は、ひとひねりしている。

「冗談いっちゃいけねえや。三年三月、舌のうえへのっけてたって、とろけやしないよ。さっきしっぽのほうを食べたら、パリパリっといいやがった。やきすぎた目刺しだよ、それじゃあ。パリパリ音のするうなぎてえのァ、おれァはじめてくった。どこでとれんだ、このうなぎは？　南ペ《ママ》トナムのほうかなんかでとれるのか。ふざけやがって」（六代目三遊亭円生「鰻の幇間」）

これはベトナム戦争最中の口演で、時事的なネタをいれたクスグリだが、最近は輸入物も多く、東南アジア産のものを、われわれは口にしているかもしれない。スーパーでも、簡単に手にはいるようになった。どうかすると、皮のかたいのにお目にかかることがある。そういうときにはこの一八のセリフがおもいだされる。

酒の描写となると、落語家はそれぞれに工夫をこらしている。おもしろいのは、かならずしも酒の飲めない落語家がのんべえの酔態をえがくのを苦手としないことだ。自分が飲めなくても、それだけに観察がゆきとどくのかもしれない。しかし、酒好きの演者には、独特の表現がある。名人として文楽と並称された志ん生（一八九〇―一九七三）は、酒仙の風格をもっていた。

妹が大名の側室になり、世継ぎをもうけたのを機会に、八五郎は大名にまねかれ、無礼講となる。

「ああ、いい酒だねえ、どうも、え？　きゅうっとはいってくねえ、え？　ゆうべ飲んだどぶろくやなんぞ、おどろいてやんの、腹んなかで、『どけどけ、その方たちは』なんてなこといわれてね。へへへえ、どぶろくやなんか、ちいさくなっちゃってるよ、この酒がすうっとはいっちゃ。へへ、ありがてえな、どうも。あ、お酌はいいよ。こんどァおれがつぐからね、じぶんでやるよ。ねえ、どうも、いい酒だねえ、どうも、ええ？（杯の酒をみて）どうだい、もりあがってやがる、ええ？　杯んなかの金蒔絵の高砂のじいさまとばあさまが、歩きだしそうだァ。あっはっはァ、どうも、う……（飲みながら）ああ、どうも、なんだかしらねえけども、ええ？　腹がへってるせいで、酒がいいからすうっと酔っちゃうねえ、どうも」

（五代目古今亭志ん生「妾馬」）

このいい酒をのんだときに、まえに飲んだ安酒をおしのけて胃にはいっていく表現は、志ん生独特のものだった。のんべえでないといえないセリフである。ほかの噺でも、「どけどけえ、てめえなんぞァ。殿様のおとおりだ」（「らくだ」）といった類似の表現がある。

落語の登場人物がいい酒ばかりを飲むわけはない。むしろ、一杯飲屋の安酒のほうがふさわしい。金馬(一八九四―一九六四)の「居酒屋」は、そんな雰囲気を十分にただよわせていた。

「おっとっとうっと(飲む)この酒はすっぺえな。こりゃあ、おどろいた。どうせ、居酒屋だよ、とびきり上等な酒はありゃあしねえと、覚悟はしてはいってきたんだが、いままで、甘口、辛口という酒は飲んだことがあるんだ。すっぱ口というのは、はじめてだよ。(中略)なんという名前だい? え、兜正宗《かぶとまさむね》? 変な名前だね。兜正宗、なんだか飲まねえうちから頭へきそうな酒だ」

(三代目三遊亭金馬「居酒屋」)

一度酒をやめた人間がふたたび酒を口にするときのうまさは格別だという。落語にも、そういう場面がたくさんある。のんべえの親子がたがいに禁酒を約束するが、むすこの留守に父親が誓いをやぶり、女房に用意をさせる。可楽(一八九八―一九六四)の演じ方は出色だった。

「いえ、あんまり冷えるからね、今晩あたりやってみたらどうかとおもって…。ひさしく杯を手にしないから、どんなあんばいかとおもいましてね。(酒を飲む)なんともいえない味ですねえ。世の中にこういうものがあるんだからねえ、へへ、なけりゃあきらめますけども。(またひと口飲み)しかし、この、冷えきってるからだィおあついのがきゅうっとはいるてえのは、五臓六腑《ごぞうろっぷ》をかけめぐるなんてえ、昔の人はうまいことをいいましたねえ」

(八代目三笑亭可楽「親子酒」)

「五臓六腑をかけめぐる」というのは、酒飲みでないといえない表現である。冬の夜、さむい道を歩いたあと、熱燗にめぐりあったときの感じはまさにこの一句につきる。可楽は、この表現を好み、「富久」という噺で、酒で得意先をしくじった幇間が火事みまいにかけつけ、また出入りをゆるされる場面でも、これをつかっている。

禁酒が重要なモチーフになっている噺に、「芝浜」がある。三代目桂三木助(一九〇二―一九六一)の名演がいまでも話題になるが、当代では志ん朝と小三治(一九三九―)が傑出している。

酒で商売に身がはいらない棒手振《ぼてふ》りの魚屋の熊五郎が芝の浜で大金をひろう。友だちをよんで、大酒盛りとなるが、女房から夢だといいくるめられてしまう。翻然とした熊五郎は、酒をたち、懸命にはたらき、三年後には店をかまえることができた。おおみそかの夜、女房が実はあの夢の話はうそだったとわびる。熊五郎は女房をゆるし、かえって感謝をする。女房は、熊五郎にもう酒を飲んでもいいのではとすすめる。

「一杯？　酒か？　いいのかよ。いや、おめえがい（言）やな、あれだけど……。いや、おれじゃねえ、おれじゃねえんだけどよ。いま、おめえが一杯やってくれねえかいって言ったとたんに、いや、おれじゃねえよ、だけど、腹んなかで、だれか、おめえ、ぐびりってそういったよ。ははは、もらうよ、もらうぜ。燗つけてくれる？　そうかい。（中略）燗ついたか？　あ、じゃ、いい、このでかいやつにもらおうじゃねえか、え。これへついでくれよ。あ、ありがとう。おっかあ、あ、ありがとう。おっかあ、三年も飲まないでいるってえとよ、味はわすれちゃったが、ちゃーんとにおいだけはおぼえていたぜ。（みつめる）もらうよ。よ、しばらく。……、もらうよ。……、おっかあ、おれァやっぱりよすぜ」

「わたしのお酌じゃいやかい」

「いや、また夢んなるといけねえ」

（十代目柳家小三治「芝浜」）

においに記憶があるのは三木助とおなじだが、志ん朝は色にもなつかしさを表現させている。また、三木助、小三治は燗をつけるが、志ん朝は冷やで飲もうとする。それぞれに好みがわかれるところだろう。酒の話になれば、話題はつきないが、ページがすでにおつもりである。

対話について

平田オリザ

新しい関係が新しい言葉を生む対話型社会が今までにない人間関係を生んでいくためには、また新しい日本語も獲得していかなければならない。

わかりやすい例では、「これコピーしておいて」と男性上司がいうのと、女性上司がいうのでは、同じ言葉を、同じ立場の人間がいっているにもかかわらず、明らかに女性のほうがきつく聞こえてしまう。

男女雇用機会均等法によって女性の進出が増えたものの、日本語は新しく生まれた「女性上司」が使う言葉をまだ持っていない。日本語の歴史において、女性が男性に命令する言葉は、母親が子どもに話すときの言葉しか持ってこなかったからだ。日本語が男性言葉、女性言葉を持っている側面はあるが、新しい人間関係に言葉が追いついていないのだ。

女性の社会進出にともなう問題の根本も案外、こうした言葉の問題にかかっている面が多いと思う。だからこそ対話のための新しい言葉を生んでいかなければならない。対等な人間関係のなかで、男女がどんな言葉で人に対してものをいえばいいのか？　という答えをつくっていかなければならないし、ここを変えない限り、女性が社会進出を果たしても、男性と本当に対等にはなっていかないのではないだろうか。

人間は言葉によって考え、言葉が自分の世界の枠組みをつくっている。そのため、言語は非常に保守性が強く、自己中心的なもので、極端にいうと、「自分＝言葉」でもある。そこに違うものが入ってくると、自分自身を汚されたり、侵《おか》された感覚に陥ることがある。

「ら抜き言葉」を使わない人に「ら抜き言葉」が、聞くに堪えない汚い言葉に聞こえてしまうのはこのためだ。

ただ、明治という新しい時代とともに、言文一致の運動が起きたように、言葉は変化するものであり、そのなかで自分も変わっていくものだということを、少なくとも頭では理解しておきたい。そのうえで、自分は「ら抜き言葉」は使わないという判断でもいいのではないだろうか。

言葉の変化には必ず理由があるものなので、「ら抜き言葉」をしゃべる人たちには何か理由があるものだ、という寛容さを持ち合わせていたいと思う。

また、若者の言葉を聞いていると、おもしろいな、と感じることも多く、私などは職業柄もあってか、この「おもしろい」という感覚を非常に大切にしたいと思う。

新しい表現を「言葉の乱れ」と断ずるのではなく、変化が一過性のものなのか、定着していくものなのか見守り、見極めていく努力をしていきたい。新しい豊かな表現は、こうした混沌《こんとん》のなかから生まれることが多いのだから。

私の教えている大学の研究室では、学生は私のことを先生とは呼ばず、お互いに「さん」付けで呼ぶことにしている。言葉というのは、身分を固定してしまう側面がある。丁寧《ていねい》語にしろ、敬語にしろ、身分が言葉によって固定されるのではなく、とにかくいったん人間関係としては対等になり、相手の人格を尊重するなかで新しい敬語をつくっていかれればと思う。

大きな変革の時代にあって、今までの常識や社会関係を一度まったくなしにして考えてみる勇気も必要ではないだろうか。

現在、中学生の新しい教科書づくりにかかわっていて、子どもたちにワークシートに話し言葉を書く、という作業をさせると、どの子も「ふだん話しているのに、書くとむずかしい」ということに気がつく。

日本語は言文一致ではないので、話し言葉を書くという作業が、思っている以上にむずかしいことに、書いてみると気がつくはずだ。「会話を書く」という行為は、これまで劇作家という職業の者だけが行ってきた特殊な作業だった。ところが、ネット社会になり、Eメールや掲示板では、だれでもが「限りなく話し言葉に近い書き言葉」という新しい領域の日本語を書く時代がやってきた。

ここでもまた、時代に言葉が追いついていない。つまり、Eメールという新しいコミュニケーションに相応《ふさわ》しい言葉を、まだ日本語は持っていないのである。当然、新しい日本語がここでも生まれてくるだろう。しかし、現在はまだまだ未完成であるといっていい。むしろそのことは強く認識しておきたい。

日本語は意思やニュアンスの多くを、言葉の音の高低によって表している。ところがEメールではこの高低、アクセントがすっぽりと抜け落ちるので、ニュアンスは伝わらない。顔文字を使ったところでほとんど効果はない。Eメールは、情報の交換や仕事では非常に便利なツール（手段）ではある。が、感情が少しでも入る議論や細やかなニュアンスを必要とする議論については、「ここから先は会ってお話ししましょう」と使い分けることが、トラブルや誤解を避けるために賢明なのではないだろうか。

出典

金田一秀穂「IT時代のおしゃべり」一部訂正（『新しい日本語の予習法』第一章第一部　二〇〇三年　角川書店）

小林千草「いまどきの女子大生の言葉づかい。」改題（「潮」二〇〇一年九月号　潮出版社）

鷹西美佳「習うより慣れよ」（「文藝春秋」二〇〇二年九月臨時増刊号）

阿川佐和子・御厨貴・糸井重里「婦人公論井戸端会議　**おしゃべり革命を起こそう**」抄録（「婦人公論」二〇〇四年一二月二二・二〇〇五年一月七日合併特大号　中央公論新社）

樋口裕一「「実は部下もバカにする」**人前での話し方」**改題（「プレジデント」二〇〇五年三月七日号　プレジデント社）

萩野貞樹「自己採点式敬語テスト」改題（「編集会議」二〇〇三年五月号　宣伝会議）

山中秀樹「アナウンサーは日本語に対して保守的になれ!」一部訂正・改題（「望星」一九九九年一〇月号　東海教育研究所）

樋口裕一「セルフイメージ自由自在**〝頭のいい話し方〟で、人生は必ず好転する」**改題（「婦人公論」二〇〇五年三月七日号　中央公論新社）

山口明穂「言葉の乱れ」（「UP」二〇〇一年二月号　東京大学出版会）

米川明彦「若者ことばを考える」抄録（「本の窓」二〇〇二年一月号　小学館）

中野翠「口に関する二つのこと」（「文藝春秋」二〇〇二年九月臨時増刊号）

篠田信司「若者言葉の何が問題なのか」一部訂正・改題（「望星」一九九八年五月号・六月号　東海教育研究所）

久世光彦・大道珠貴・ピーター・バラカン「青山デザイン会議　第68回　**残る「言葉」、残らない「言葉」」**改題（「ブレーン」二〇〇五年三月号　宣伝会議）

高田宏「日本語は一つではない」抄録（「国際交流」八四号　一九九九年七月　国際交流基金）

野村雅昭「落語の江戸語・東京語」一部加筆訂正（「国文学　解釈と鑑賞」二〇〇三年四月号　至文堂）

田中章夫「移りゆく東京弁」（「言語」一九九八年一月号　大修館書店）

伊奈かっぺい「方言の曖昧な表現力はいつまでも健在です」改題（「望星」二〇〇二年一〇月号　東海教育研究所）

井上史雄「「新方言」とは何だ？　共通語化が進んでも方言は生まれ続けている」改題（「望星」一九九八年一一月号　東海教育研究所）

永六輔・矢崎泰久「永　六輔の日本語修行」抄録・一部訂正（「編集会議」二〇〇三年五月号　宣伝会議）

田中章夫「コトバの自己規制」一部訂正（「図書」一九九八年七月号　岩波書店）

楠かつのり「「詩のボクシング」と日本語ブーム」一部加筆訂正（「世界」二〇〇二年一〇月号　岩波書店）

マーフィー岡田・天野祐吉「言葉を売ってものを売れ　第二部対談」改題（「広告批評」一九九九年一二月号　マドラ出版）

野村雅昭「落語の味覚表現」一部加筆訂正（「日本語学」二〇〇〇年六月号　明治書院）

平田オリザ「教育がつくる対話型社会」抄録・改題（「潮」二〇〇二年三月号　潮出版社）

著者紹介（収録順）

金田一秀穂（きんだいち　ひでほ）
杏林大学教授。一九五三生まれ。『新しい日本語の予習法』（角川書店）『知っていますか？つい間違える日本語』（大和書房）など。

小林千草（こばやし　ちぐさ）
東海大学教授。一九四六生まれ。『ことばの歴史学—源氏物語から現代若者ことばまで』（丸善）『中世文献の表現論的研究』『文章・文体から入る日本語学』（武蔵野書院）。作家、千草子としても著書多数。

鷹西美佳（たかにし　みか）
日本テレビアナウンサー。一九六二生まれ。主な出演番組に「ＮＮＮきょうの出来事」（週末版）「ブラボー！クラシック」など。

阿川佐和子（あがわ　さわこ）
作家・エッセイスト。一九五三年生まれ。『ああいえばこう食う』（共著、集英社）『ウメ子』（小学館）『スープ・オペラ』（新潮社）など。

御厨貴（みくりや　たかし）
東京大学先端科学技術研究センター教授。一九五一年生まれ。『政策の総合と権力』（東京大学出版会）『馬場恒吾の面目』（中央公論社）など。

糸井重里（いとい　しげさと）
コピーライター。一九四八年生まれ。『続々と経験を盗め』（中央公論新社）『智慧の実のことば～ほぼ日刊イトイ新聞語録～』（ぴあ）など。

樋口裕一（ひぐち　ゆういち）
作家・翻訳家。一九五一年生まれ。『頭がいい人、悪い人の話し方』（ＰＨＰ研究所）『ホンモノの文章力』（集英社）など。

萩野貞樹（はぎの　さだき）
国語学者。一九三九生まれ。『日本語の小骨』（リヨン社）『ほんとうの敬語』（ＰＨＰ研究所）など。

山中秀樹（やまなか　ひでき）
フジテレビアナウンサー。一九五八年生まれ。主な出演番組に「ポンキッキーズ21」「天才のパチンコ」など。

山口明穂（やまぐち　あきほ）
東京大学名誉教授・中央大学教授。一九三五年生まれ。『旺文社国語辞典』（旺文社）『日本語の論理—言葉に現れる思想』（大修館書店）など。

米川明彦（よねかわ　あきひこ）
梅花女子大学・大学院教授。一九五五年生まれ。『日本語—手話辞典』（監修、全日本聾唖連盟出版局）『明治・大正・昭和の新語・流行語辞典』（三省堂）など。

中野翠（なかの　みどり）
コラムニスト・エッセイスト。一九四六年生まれ。『今夜も落語で眠りたい』（文藝春秋）『中野シネマ』（新潮社）など。週刊「サンデー毎日」を中心にコラム連載多数。

篠田信司（しのだ　しんじ）
ＮＰＯ法人ＩＬＥＣ言語教育文化研究所専務理事。一九三八年生まれ。『中学校　国語科の評価』（共編、三省堂）など。

久世光彦（くぜ　てるひこ）
演出家・作家。一九三五年生まれ。二〇〇六年没。『一九三四年冬—乱歩』（集英社）『蕭々館日録』（中央公論新社）など。

大道珠貴（だいどう　たまき）
作家。一九六六年生まれ。『しょっぱいドライブ』（文藝春秋）『ハナとウミ』（双葉社）『後ろ向きで歩こう』（文藝春秋）など。

ピーター・バラカン（Peter Barakan）
ブロードキャスター。一九五一年生まれ。『魂（ソウル）のゆくえ』（新潮社）『ぼくが愛するロック名盤２４０』（講談社）など。

高田宏（たかだ　ひろし）
文筆家。一九三二年生まれ。『言葉の海へ』『木に会う』（新潮社）『木のことば　森のことば』（筑摩書房）など。

野村雅昭（のむら　まさあき）
早稲田大学教授。一九三九年生まれ。『日本語の風』（大修館書店）『落語の話術』（平凡社）など。

田中章夫（たなか　あきお）
東呉大学（台北）客員教授。一九三二年生まれ。『国語語彙論』『近代日本語の文法と表現』（明治書院）など。

伊奈かっぺい（いな　かっぺい）
方言詩人・ラジオパーソナリティ。本名・佐藤元伸。一九四七年生まれ。『消ゴムでかいた落書き』『でったらだ消ゴム』（おふいす・ぐう）など。詩の朗読などのＣＤも多数。

井上史雄（いのうえ　ふみお）
明海大学教授。一九四二年生まれ。『日本語ウォッチング』（岩波書店）『日本語は年速一キロで動く』（講談社）など。

永六輔（えい　ろくすけ）
ラジオパーソナリティ・エッセイスト。本名・永孝雄。一九三三年生まれ。『大往生』（岩波書店）『気楽に生きる知恵』（飛鳥新社）など。

矢崎泰久（やざき　やすひさ）
ジャーナリスト。一九三三年生まれ。『「話の特集」と仲間たち』（新潮社）『口きかん』（飛鳥新社）など。

楠かつのり（くすのき　かつのり）
音声詩人・映像作家。一九五四年生まれ。日本朗読ボクシング協会代表。関東学院大学教授。『詩のボクシング　声と言葉のスポーツ』（東京書籍）文庫版『からだが弾む日本語』（宝島社）『「詩のボクシング」って何だ!?』（新書館）など。

マーフィー岡田（まーふぃー　おかだ）
プロショッパー（実演販売人）。本名・岡田邦一。一九四四年生まれ。『マーフィーの「売れる！」法則』（大和出版）など。

天野祐吉（あまの　ゆうきち）
コラムニスト・編集者。一九三三年生まれ。『広告論講義』（岩波書店）『私説広告五千年史』（新潮社）など。

平田オリザ（ひらた　おりざ）
劇作家・演出家。一九六二年生まれ。劇団「青年団」主宰。『対話のレッスン』（小学館）『平田オリザ戯曲集』（晩聲社）など。

シリーズ　日本語があぶない
話したい、話せない、「話す」の壁

二〇〇六年四月十日　第一版第一刷発行

著者代表　久世光彦

発行者　荒井秀夫

発行所　株式会社　ゆまに書房
東京都千代田区内神田二―七―六
郵便番号一〇一―〇〇四七
電話〇三―五二九六―〇四九一（営業部）
〇三―五二九六―〇四九二（編集部）
振替〇〇一四〇―六―六三二六〇

印刷・製本　株式会社キャップ

• 落丁・乱丁本はお取り替えいたします
• 定価はカバー・帯に表示してあります

ISBN 4-8433-2065-X C1381
Printed in Japan